How does architecture impact society today?

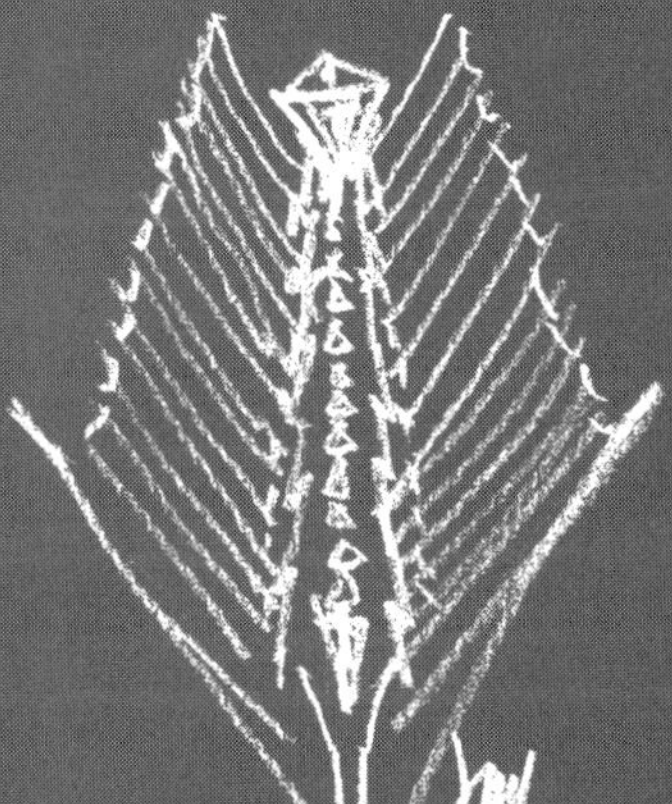

いま社会は建築に何を期待しているのか

細田雅春

序

新ルネッサンス考——DXとAIの時代に、改めて「人間存在」の意義を考える

21世紀を迎えた当初の社会の変化への期待に対し、これほどまでに予測を超えた事態が待ち構えていようとは、誰が考えただろうか。

歴史的に見て、20世紀は二つの世界大戦をはじめ、中東やベトナムなど、戦争に明け暮れた世紀であった。同時に文化や科学、産業の分野などで革新的な変化と爆発的な進化を遂げた成長の世紀でもあった。そして、そこに続く21世紀は、20世紀を土台に、成熟社会としての全く新しい時代を迎えるという期待があった。20世紀の、急激ではあるものの、あまりにも大きな矛盾を抱えた成長に対する反動のような感覚があったからである。

一方で、現実はどうだっただろうか。デジタル技術の急速な浸透が世界のグローバル化を加速させ、産業界を中心に、米中の対立を激化させてきた。中でも、米国のGAFA（グー

グル、アマゾン、フェイスブック、アップル）や中国のファーウェイなど、ＩＴ企業を中心とするデジタル競争がその最たるものであった。その間に、新型コロナウイルス感染症が世界を席巻し、パンデミックにより、世界の主要都市が大きな混乱に陥ることとなった。結果として、人と人とのリアルな交流が遮断され、リモート社会が一気に浸透し、さまざまな既存の仕組みが変更を迫られるという事態となったのである。

ウクライナ紛争の二重性

そうした中でロシアによるウクライナへの武力侵攻が始まった。これは新たな戦争の始まりであった。そこでわれわれが目にすることになった事実は、21世紀を象徴する事態であり、過去のそれとは格段に異なる、新しい時代の戦争のあり方であった。

すなわち、歩兵や戦車部隊を中心とした従来の地上戦のみならず、人工衛星やドローンによって、すべての戦況をモニターで見ることができる、ゲームのようなリアリティーの感じられない戦争が人類の悲劇を引き起こしているという事態である。ここで、二つの世界が同時に我々の社会を動かしているという新たな構図が見えてきた。すなわち、アナログ世界とデジタル世界の不可分な関係が現実の世界を描くという構図である。

20世紀の成長社会から21世紀の成熟した多様性社会へ

さて、建築の世界では、どのような推移で今日を迎えてきたのか、少し振り返ってみたい。19世紀から引き継がれてきた建築の工業化の流れが一気に花開いたのが、20世紀初頭にドイツ・ワイマールで開校したバウハウスである。その教育思想の下に開花した建築や芸術の近代化が、20世紀の世界に広く伝搬したのである。この20世紀の近代化が、都市社会、都市文明を大きく変えてきたことを考えておく必要がある。

その象徴的な都市の姿が、米国・ニューヨーク市マンハッタンに出現した摩天楼である。規則的に整然と区画された街区に密実に建てられた高層建築群である。まさに世界の英知と理想が天高く聳《そび》え立つかのような建築群であった。それらはエレベータや空調装置、蛍光灯などの機械的な設備を備えた建築の近代化の頂点を極めたのであった。

一方で、21世紀に対する期待は、20世紀の近代化が成し得た都市文明の成果に対するものではなく、新しい時代にふさわしい都市環境への期待であった。それは、行き過ぎた文明社会に対する警告であり、環境破壊を超えて、自然環境と人間との調和のとれた関係の再構築を目指す新たな価値観の芽生えであった。すなわち、これまでの文明の歩みに修正を加えるという方向性を示したのである。まさに成長社会から成熟した多様性社会へと踏み出す一歩であったといえる。

ＡＩへの期待と不条理な世界

さらには、デジタル技術の進化が社会活動のあり方を変えるほどの影響を持つようになり、地域や国を超えたグローバル社会として、あたかも世界が一つになったかのような社会活動をするようになったのである。中でも重要なことは、コンピューターを操作するアルゴリズムの精緻化により、プロセスや技術の共有化が容易となり、人間の能力を補完するようになっただけでなく、それを凌駕するほどに進化し、ほんの数十年前は映画の中の夢物語であったＡＩ（人工知能）が現実の世界に浸透し始めてきたことである。その成果の一つが、最近話題の対話型ＡＩであるＣｈａｔＧＰＴであり、また画像生成ＡＩのＭｉｄｊｏｕｒｎｅｙなどである。多くの情報を整理・体系化し、瞬時に応答するというＡＩの能力は、人間の能力を拡大してくれる可能性を秘めている。文学のレベルでも、作者がＡＩの力を借りながら、物語をつくることが行われつつあるという。

建築界でも、ＢＩＭ（ビルディング・インフォメーション・モデリング）などによる設計情報の共有化が促進され、一元的に管理されることで、即座に全体像が誰でも把握できるようになっている。プロジェクト全体がよりスムーズに進行し、生産効率が向上することはもちろん、相互に関連する情報が見える化されることにより、プロジェクトを総合的に把握することが容易になり、一段と高度な情報集約化が可能となりつつある。

しかしながら、そうしたコンピューターへの依存によるデジタル思考だけで人間と社会の関係のすべてを把握できるわけではない。人間の内面には、不可能なことに立ち向かう強い意志や、理性だけでは制御することができない不条理が存在している。それを端的に示すのは、例えば人間の不条理が余すところなく表れたウクライナ侵攻という現実である。そして、筆者の思いとしても、現在のＡＩに対する期待は、現実とは程遠いものであるという感覚が捨てきれない。

アルゴリズムの限界と選択肢の拡大

それでも、昨今の社会のコンピューター、すなわちアルゴリズムに対する過度の傾斜はとどまることを知らないように思える。英国の数学者ハンナ・フライ氏は、著書『アルゴリズムの時代』（森嶋マリ訳、文藝春秋、２０２１年）の中で、人間の判断とアルゴリズムの融合は判断の精度を上げるためには不可欠だとしつつも、最終的な判断を決定付ける重要な要素は人間味であると指摘している。人間にはさまざまなこだわりや個性、独創性そして親愛や偏愛などの性癖がある。そうしたアルゴリズムにはない性癖が、解読することのできない人間の思考の豊かさや深みを決定付けているということだ。

彼女の指摘を俟《ま》つまでもなく、アルゴリズムはあくまでも思考や技術的判断のための手段の一つに過ぎないことを意識して、それらにすべてを託すことはできないということを認識しておくことは、昨今の状況を見るにつけ、極めて重要であると強調しておきたい。すなわち、ＡＩは人間の能力を大きく拡張するものではあるが、それ以上の存在ではないということだ。そこを意識しておかないと、いずれＡＩがつくり出した文脈に支配、影響されて、人間が生み出す独自の思考の世界から離れて行く恐れがある。直感的な思い付きやひらめきに思考の原点があるにもかかわらず、その道筋をＡＩが歪め、邪魔をしてしまうという可能性である。

そうした両義的な状況が発生すること自体は、われわれ人間にとって、より幅広い選択肢が与えられたということでもあり、それが「未来への希望」となるということもまた一つの事実である。

しかしそれはまた、先に述べたように、ウクライナ侵攻において、リアリティーに欠けるゲームのような戦闘の中で、実際に人を殺戮しているという悲劇的世界と表裏一体となったものでもある。すなわち、視界や選択肢が大きく広がり増えていくということが、必ずしも問題を解決することにはならないという現実の不条理である。

地球環境の劣化とデジタル技術

他方で、地球環境の劣化はもはや待ったなしの状況にあるといってよい。石油や石炭などのエネルギー資源の問題、それらの資源を使うことによる地球温暖化、さらには自然界に蓄積されつつあるプラスチックごみの問題などは、21世紀の大きな課題になっている。それらの問題に大きく関わるのが、都市や建築のあり様である。いま求められているのは、ニューヨークの摩天楼のような都市や建築のあり様から脱却し、20世紀の反省をもとに描くべきテーマである。生身の人間の能力とデジタル技術の合体が生み出す力を、自然とのより良い共生環境の実現のために活用する必要性を問うことではないだろうか。

無論、生身の人間が根源的に希求するものは、そうした物理的な変化だけではない。われわれ人間は、都市や建築に対し、単なる機能の充足というよりも、精神の拠り所としての象徴的な役割を求めるものだ。シンボルとしての都市や建築のあり様を、21世紀の巨大な変化の波と深刻な課題に合わせてどのように再考していくのか。それが、改めて問われ始めたのである。

建築の精神性と美の探求

フランスの人類学者、アンドレ・ルロワ＝グーラン（１９１１－１９８６年）は、建築について、単に雨・風を防ぐためだけに存在するのではなく、人間が生きるための根源的、精神的な場なのだと述べている。ルロワ＝グーランの言葉を敷衍《ふえん》すれば、人間は建築に対して、自らの感性に訴える本質的な美を希求してやまないはずだ。これは有史以前からの、人間の生に対する基本的姿勢だからである。そして、時代が要請するさまざまな今日的課題と絡み合いながら美が生み出される。今日的課題とは、例えば建築や都市においては、技術や材料、時代の感性といった要素であろうか。無論、それらはあくまでも時代を超えて存在する人間という主体を主軸として表現されるものであるから、そこに継続性を見出すことは可能である。

人間の美に対する根源的欲求は、生を享受している限り、変わることのない問いかけである。それは本書の中で示したプロポーションの探求であり、その究極の形がシンメトリーという世界につながると考えている。それは宇宙におけるすべての根源にある問題であり、美の普遍性の問題なのである。

こうした問題に取り組みながらも、本書では、21世紀という時代に衝撃的に発生した、ウクライナ侵攻という一人の独裁者による狂気が、デジタル情報社会を背景に引き起こされたという現代社会の際どい現実であり、本質であるという点にも大きな関心を寄せている。

世界には、いまや限りなく多くの選択肢がある。にもかかわらず、たった一人の独裁者によって戦争という選択肢が選び取られることも起こり得るのだ。そして、デジタル情報社会にあっても、歩兵や戦車部隊による戦争というアナログ的意味の大きさが示している現実もまた、人間の成せる結果であることも知らなければならない。

そのような一層危険で複雑性を内包した今日的な社会状況にあって、都市や建築の現在について考えたことが本書の中心的な主題となった。

歪んだ日常からの脱却

われわれが都市や建築に向き合うにあたって必要なのは、さまざまな現実社会のニーズに応えながら、現実社会への人間の欲求に基づいた機能的応答を図るということだけではない。人間の根源的な「生と美への探求」をいかに中心的課題として問うかである。人間という存在の意義を離れては都市や建築は語れないということでもある。

日常的な思考の中からは見えてこない問題に挑戦し、闘うのがわれわれの仕事である。その思いは、本書に収録されたさまざまな文章に集約されているといってもよい。

ＡＩが進化する中で、その先に見えてくるのは、人間とは何かということを再確認する機会でもある。まさに私自身が都市や建築に生かされているという現実から見えてくる世界でもあるのだ。

それは言い換えれば、ＤＸ時代の新たな身体性への問いかけであり、身体と意識、心の問題であり、新ルネッサンスともいえる人間復興への展望を開くことになるのではないか。

巨大で複雑なグローバル社会や経済、そして都市問題や建築に対して、小さな存在である人間が立ち向かい、戦い続ける様子は、あたかも『ガリバー旅行記』のブロブディンナグ国でのガリバーのようである。あらゆるものが巨大なブロブディンナグ国で、小人となったガリバーが受けた心地よい待遇――それを日常といってもよいだろう――が、実は自身が身に着けていた習慣や志向がどれほどまでに歪んだものであるのかに気付かされるという物語だ。

われわれは、果たしてガリバーと同じような旅路を続けていることに気付いているのだろうか。

目次

2022年後半 Chapter 2……137

❖本書は、著者が2021年1月から23年11月まで建設通信新聞の「建設論評」に執筆した記事、および特別寄稿の記事を加筆修正してまとめたものです。

❖各稿タイトル下の年月日は掲載日です。

2023

2023年

Chapter 1

新たなモビリティー社会への展望と課題解決の道

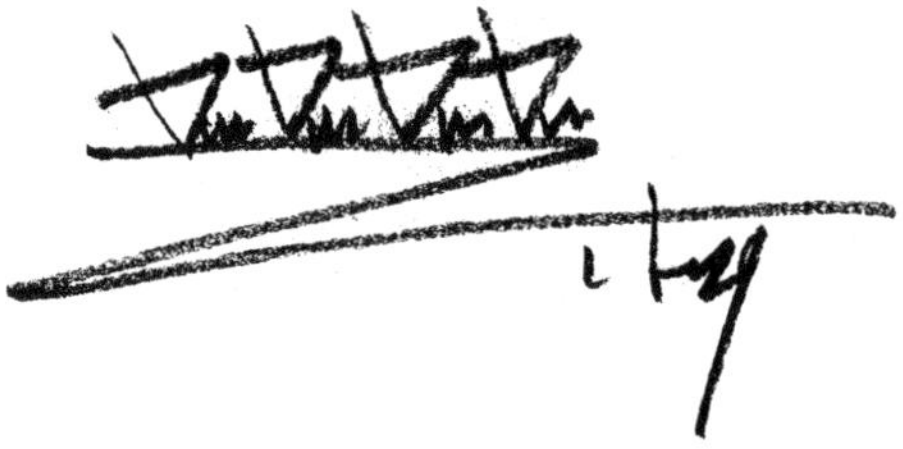

2023年11月1日

日本社会の少子高齢化は、多種多様な領域で深刻な事態を引き起こし始めている。政府もこの事態を重く受け止め、人口減少対策をさまざまな形で打ち出してはいるが、容易に解決する見通しはない。それはいうまでもなく、未来社会への展望が見えないことによる不安と軌を一にしている。この不安感はそれほど単純なものではない。社会全体に対する不安は当然だろうが、むしろ成熟社会の中で、個人の生活が多様化してきたことによる必然の結果なのではないだろうか。かつての「産めよ、増やせよ」のスローガンが叫ばれた貧しい時代ではなく、豊かで数多くの選択肢から自由に選択できる時代の中で、多様な価値観を持つことができるからこそのゆらぎといってもよいだろう。

そうした環境においては、単に人口増大を目指す政策に舵を切るのではなく、むしろ人口減少を受け止めながら、将来に向けた力強いビジョンを示すことの方が、極めて重要ではないだろうか。

――人口減少と労働力不足社会――

さて、実際には、現下の社会を維持し、発展させるという上で、労働力不足は深刻である。コロナ禍を抜けたこともあり、日本の就業者数は統計で見る限りでは、1年近く緩やかに増加しているが、生産年齢人口自体は既に減少の一途をたどっている以上、安心できることではない。人が直接的に必要な飲食、宿泊などのサービス業や、中小企業のモノづくり、そして交通・運送、さらには医療、介護施設、教育関係など、現在の労働力不足は多くの分野に及んでいる。

そこで、都市や建築を考える立場からの提言として、人口減少を踏まえた都市の交通インフラの再考が必要ではないかと考える。移動することは、人間にとって社会活動の根本をなすものだからである。移動の停滞はそのまま社会活動の停滞を意味する。敷衍《ふえん》していえば、移動の問題は都市活動を促すコミュニケーションの問題であり、ハード面で見れば「移動におけるサービス」の運用の課題ということである。

いまや、交通の世界的な潮流として、これからのモビリティーシステムとなる、TOD（トランジット・オリエンテッド・デベロップメント）が注目されている。端的にいえば手段と運用の問題に集約されると思われるが、これが公共的なモビリティーの未来の姿といえよう。しかし、日本の事情を見るまでもなく、公共交通機関で問題になっているのは、ここでも人手不足である。鉄道やバス、船舶、航空機などの旅客運輸はもちろん、最近でも問題になっているように、貨物運輸も同様である。

そうした人手不足をカバーするのが、AI（人工知能）による自動運転や効率的な運行計画などだろうと思われる。時代の変化に即して、モビリティーシステムの見直しとともに、少ない人手の効率的な利用が求められているのである。

――モビリティーのハイブリッド化――

そのためにはさまざまな既存のモビリティーの活用も含めて、適切なモビリティーの複合化を考える必要がある。先ほど述べたように、鉄道や船舶、あるいは航空機などによる大量輸送はもちろんだが、より身近で深刻な問題は、人口が減少した地域において日常的な生活基盤を支えるために利用されるモビリティーである。

ある水準よりも人口が減少してしまえば、公共交通機関といえどもサービスが成り立たなくなる。既に一部の地域で問題になっているように、鉄道は運行すればするほど赤字になり、もはや成立しなくなる。それゆえ、コミュニティーバスやデマンドタクシーのような、ユーザーの要望に応じて運行されるデマンド型システムで運用することが望ましいだろう。もちろん、バスステーションのようにユーザーも一定の場所まで出かけて利用することになる。そのほか、ライドシェアなども状況に合わせて活用すればよい。

――技術向上によるサービスの最適化――

いずれにせよ、人口減少はもはや避けて通ることはできないと考えるべきだろう。その上で、さまざまなモビリティーのイノベーションと、それぞれの特性を生かした相互互換的利用を図るハイブリッド化を検討する必要がある。この場合、何より重要なことは、ハイブリッド化に必要な運用コントロール・システムを構築することであり、それが最も基本的な課題である。

近年喧伝されるMaaS（モビリティーのサービス化）は、利用者がさまざまなモビリティーをシームレスに組み合わせて乗降できるようにすることを指すが、そのスムーズな実現のためには、多様なモビリティーシステムを横断的につなぐ高度なコントロール機能が求められる。それを可能にすることができるのは、例えばモビリティー自体の技術革新に加え、量子コンピューターやAIを駆使することだろう。

いずれにしてもここで重要なのは、限られたモビリティーの手段を、どのようにして多様な利用者の、多様な利用目的に合わせて的確に運用するかという、最適化の問題なのである。

例えば、利用者が時間と目的地をコントロールセンターへ連絡すれば、デマンド方式のバス、あるいは近くのタクシー、それとも鉄道の利用が望ましいのかが指示される。場合によってはライドシェアのような形で他の利用者との相乗りとなることもあるだろう。

――「持ち合う世界」と豊かな都市環境――

無論、こうしたモビリティーのハイブリッド化が進むとしても、その手段が限られたものである以上、すべての利用者に対して即時的に最短時間で提供ができるわけではない。それだけに、利用者にも相応の努力が求められることになる。近場であるならば、健常者は徒歩、あるいは自転車などを積極的に利用できる社会にしなければならない。そのためには歩行者と自転車、自動車がそれぞれ安全に通行できる道路環境の整備が求められる。日本は、世界的に見ても歩道や自転車専用レーン、駐輪場の整備が遅れているといわれるが、人々の移動手段を確保するためにも、それらの整備は将来的にも不可欠である。

最後に、何よりも大切なこととして、移動手段を社会の基本として考えるならば、自動車であれ、自転車や歩行であれ、距離の遠近を問わず、それらの共同利用や譲り合い、さらには持ち合いが自然なこととして行われる社会へと変化することである。

豊かな都市環境を維持し続けるためには、そうした「持ち合う世界」が必然なのだと考える。

ＡＩの利便性と画一性

２０２３年10月30日

生成ＡＩが登場してから、世の中の流れがつまらなくなってきたような気がしている。ＡＩがこれからの世界を誘導し、あたかも人類は、ＡＩ中心の世界で従属的な存在になるという印象を持ってしまうからだ。

ＡＩが応対する様子を見ていると、あまりにも出来過ぎた模範的な回答が生成されることに対する不安がある。裁判の判決文のように、極めて常識的で理路整然とした回答に不気味さを覚えてしまうのだ。これからの社会がＡＩに依存するばかりになって、人の思考が優等生的かつ画一的になるのではないかと心配になってしまう。

こうした危惧は「思考の画一性」と「思考の依存性」に対するものである。

さて、人類の歴史には、多くの転換点、結節点があったわけだが、現代文明の出発点となった産業革命ほど大きな転換点はなかったというのが筆者の考えである。

18世紀末から英国で始まった産業革命は、後の世界を席巻することとなった「モノの豊かさ」を生み出した工業化への転換であった。とりわけ、20世紀の二度の大戦という大きな事件を経て、工業化社会は玉手箱のように、多くの大衆にモノを通して幸せを与えてきた。それはいい意味で平等主義的な大衆社会をつくり上げてきたし、さまざまな領域での技術的な進歩を通じて多くの成果をもたらしてきた。利便性が一気に向上し、より多くの人間が文化的生活を享受することができるようになったわけである。

しかし、そのようなモノの豊かさが頂点に達すると何が起こり始めるだろうか。どこを見ても同じようなものがあふれ、個々の人間だけでなく、企業やコミュニティーといった社会全体が、右へ倣ってさえいれば安心だとばかりに、同じ方向を向くようになってしまうのだ。すなわち、モノによる社会の画一化、均質化現象である。こうした現象はつい最近のことであるが、近年、一気にＡＩが進歩することで、今度は大衆がＡＩの世界にのめり込み始めたのである。生成ＡＩの回答は、短期間で目に見えてレベルが向上しているだけに、無理もない話ではある。

たしかに人間の能力を超えてＡＩに期待するところは少なくない。膨大なデータと複雑なプログラムを作成し、解いていくことはもはや人知を超えているといっても過言ではない。そして、仮説を前提とした未知の世界を開いていく能力も期待できるだろう。

しかしながら、一方では、人間しか持つことのできない独創性を持った思考のレベルでは、まだまだ人間には太刀打ちできないだろう。誰が問いかけても、ソフトが同じで、問いが同じであれば、常に答えは同じである。それだけに、無批判にＡＩを受け入れてしまえば、画一的な答えに引きずられることになる心配がある。すなわち、思考のレベルの画一化、均質化を危惧している。思考は常に人間の側においておくべきものである。

ＡＩが引き起こす画一性に対する危惧は、産業革命における工業化が引き起こしてきた問題と同じように、利便性の向上と引き換えに、負の側面があることを忘れるわけにはいかないということだ。

歴史の文脈の中にある緑

2023年10月20日

地球温暖化が注目されるようになり、急速に緑の保全に対する関心が高まってきた。さまざまな技術的進歩により、利便性の追求と欲望を満たし続けてきた反省と自戒を込めて、文明自身が自らの命を縮めようとしているということだろうか。何をいまさらという感覚も覚えるが、人間の欲望はそれほど果てしないものだということだろう。将来起こり得る危機に対してよりも、目先の利益の方に遥かに関心が高くなるのは人間が生まれついた性《さが》のようなものなのか。進歩とか、前進することの意味を改めて考えさせられる。

さて、最近日本の各地で開発の名を借りた森林伐採が増えていることに非常に危機感を抱いている。昨今の人口減少が進む日本において、森林の伐採はどれほどに必要性があることなのか。いまや森林との共存こそが、日本が目指すべき方向であり、時代の要請であろう。世界的に見れば、森林の伐採はますます進むばかりであるが、そうした状況の中、いかにして人類が自然との調和ある環境をつくり上げるかということこそが、いま問われているのである。

過去を振り返れば、人工的な植林や、都市計画における計画的な緑化が実施されてきたことはある。もちろん、利便性を優先するあまり、将来の姿を十分には予測できなかった側面もあっただろう。しかしながら、それでも日本では近代化を受け入れた後でも、自然とともに生きるという考えは根強くあったはずである。

当然のことながら、ここで言わんとしているのは、いわゆる「手付かずの自然」を取り戻すべきだというようなことではない。有史以前、人間は常に自然に向き合いながらも、連綿とそれを自らの生存に適した環境へと改変して生きてきた。現在の国土計画や都市計画、ひいては建築の配置計画においても同様である。すなわち、本来の植生や地形といった、そのままの自然のようでありながら、歴史的に見れば既に人間の手が入ったものである場合も多いと考えてよいだろう。

こうした人間と自然の関係を考えるならば、多くの場合、一見手付かずに見える緑といえども、人間が築いてきた文化の中で培われてきたということになる。それを理解しないまま、単に個体としての樹木の問題として捉えることは、あまりに短絡的過ぎるように思われる。先人が考え、その場所で、長らく営んできた歴史という事実をいまにつなげることの意味である。

都市とは、突然に現れては消える存在ではない。過去との継続性の上に現在があり、未来がある。同様に緑の様相についても、土地の特性だけでなく、ここにつくられた建築などの人工物との関係といった歴史的な文脈を無視することはできないのである。

樹木の植えられた「歴史の文脈」をどのように過去・現在から未来へつなぐのか、それが計画者の責務である。

いま取り沙汰されている伐採問題は、単に樹木の数だけの問題として捉えるべきではない。先人の計画の意味を受け止め、緑の歴史を読み取り、文脈をつなげて、未来を見ることではないのだろうか。

現代文明の成果としてのロボットを考える

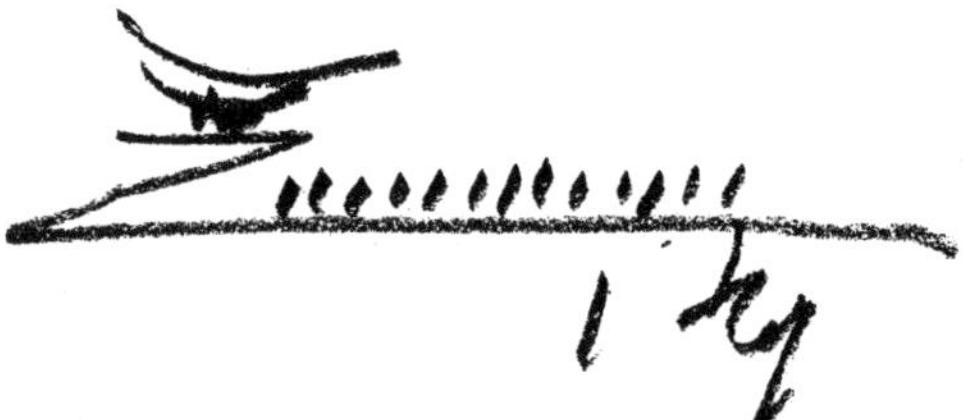

2023年10月18日

19世紀のフランスの作家、ヴィリエ・ド・リラダンの著作に『未来のイヴ』（高野優訳、光文社、2018年など）という本がある。人造人間を意味する「アンドロイド」という言葉が最初に使われた作品といわれている。あらすじはこういうものだ。

若き貴族のエワルド卿は、美貌の歌姫アリシアに恋をするが、アリシアの醜い心に絶望し、苦悩する。発明家のエディソン博士が、苦悩する彼のために制作したのは、アリシアとそっくりな美しい人造人間「ハダリー」であった。しかしながら、人工物であるハダリーに生命を与えることができるのは唯一、エワルド卿の愛だけであるということを悟る……。

人造人間＝ロボットの本質に迫る、極めて示唆的な物語である。

――ロボットとは何か／心を持てるのか――

そのロボットは、現代社会にどれほど寄与することになるのか。神話や物語の世界を参照するまでもなく、人間はロボットにさまざまな期待や夢を投影してきた。リラダンが描いたのは良きパートナーとなる人間のような存在であったが、われわれはどんな夢をロボットに託すのか。現代社会の中で、ＡＩ（人工知能）の登場によって変わりつつあるロボットと人間の関係について、いま改めて考えてみたい。

まず、ここでいうロボットとは、人間が行う作業を代行してくれる自動機械のことと考えてもらえればよいだろう。すなわち、身体や脳といった肉体的な制約、あるいは空間や時間といった物理的な制約を解放してくれる存在であり、ロボットには人間と社会の関係を抜本的に変容させることが期待されているのである。

現代はリラダンが生きた19世紀末に比べ、格段に科学技術が発達した時代である。さらに近年、デジタル技術の進歩により、かなりの程度まで高品質なＡＩが実現している。そうしたＡＩが行き着く究極の姿が、ハダリーのような文字どおりの人造人間ではないだろうか。

では、そうしたロボットが心を持つことは可能なのだろうか。ロボット工学者の石黒浩大阪大学教授は、「われわれが命や心を感じるのは他人と関わっている時だ。自分の中にあるかどうかはわからなくとも、他人に感じることができる」と述べている。すなわち、心とは社会の中で他者と関係することで獲得されるということであろう。哲学の分野でも深く議論されてきたことでもあるが、17世紀のフランシス・ベーコンの観念的解釈を前提として、外的経験によって生み出される世界を内在化させることと同義なのか、という疑問は残るところだ。これは果たして石黒教授のいう、他者との交流によって心が通う仕組みと同じものだろうか。

――人類の際限のない欲望と文明の性――

本稿で筆者がロボット論を取り上げなければならないと考えたのは、人間とロボットが心を通わすような関係について考えたからではない。むしろ、人間の代わりとなって働いてくれる、作業の代行者としての役割に着目しているからである。

それはいまＡＩの活躍の場として注目されている自動車の自動運転や、企業の人手不足を補完するための活用という範囲に収まるものではない。人類が過度に求めてきた〝利便性という欲望〟の追求によって生み出されたさまざまな悲劇への対応をロボットに期待しているのである。もちろん、悲劇の原因を取り除くことが最大の解決策であるが、文明の方向転換が困難であるのは、現在の世界の状況を見れば明らかだろう。

人類が生存するということは、ある意味では果てしない欲望を満たすことである。それは誰にも止めることはできないだろう。戦争も同じである。経済戦争がもたらす天然資源の浪費や、その結果としての気候変動、地球的規模の生態的環境の劣化などはいうまでもない。それだけに、人間の性《さが》ともいうべき、欲望追求の結果引き起こされた「負の遺産」の除去に、これからの人類の英知が問われるのである。

しかしながら、そうした現場は、生身の人間にとって危険な作業を伴うものであったり、対処が困難な場所にあったりするのである。

――人類の英知の結集の姿としての存在意義――

人類が生み出した「負の遺産」の全体像を俯瞰《ふかん》すれば、いま起こりつつある地球環境の劣化、歪みに対する手当こそが最大の課題であることは明らかであろう。つまり、地球環境の変化をできるだけ未然に防ぐこと、そして起こってしまった問題を速やかに事後処理することである。そして、そうした課題に対し重要なのは機動力と、アイデアをどのように行使するかである。

とりわけ大きな問題は、多発する巨大災害の現場対応である。干ばつや豪雨だけでなく、人為的な原因によるものを含めた巨大災害は、もはや臨界点に達しているように思われる。その原因がすべて現代文明のあり様に起因するとはいえないにしても、あまりに巨大化した災害に対処するには、生身の人間はあまりにもちっぽけであり、無力である。

そこに登場してくるのが、逆説的な意味を含めて、現代社会にふさわしいロボットである。ＡＩが制御するロボットが、人間の指示だけでなくＡＩ自身の自律的な判断の下に働いてくれることになれば、どれほどの解決になるだろうか。そればかりではない。危険な作業や過酷な労働についても、人間の代わりとなって生産効率を高めることになり、事故などの労働災害の削減も期待される。例えば、天候に左右される農作業や危険な場所での建設作業などではロボットを導入することのメリットは計り知れない。

もちろん、冒頭に述べたように、人間のパートナーとしてのロボットのあり様、すなわち心の癒しという側面もあるが、ロボットによる「作業の代行」の実現こそが、いま問われている最大の課題であろう。これこそがロボットへの期待であり、日本の、そして世界の未来が託されているである。

歪んだ真珠

2023年9月26日

いま、われわれが存在している時代とはいかなる時代なのか。この激動している時代に何を理解し、何を考え、行動すればいいのか。人間は、そうした変化の時代をどのように乗り越えてきたのか、歴史の節目に立ち会ってきた美術や建築の世界を通して考えたい。

戦争の世紀であった20世紀に続き、21世紀はデジタル技術の進歩も相まって、経済が途方もなく拡大したグローバル社会となった。そうした激動の時代の後には必ず、アンチテーゼとなるような反動的な時代がやってくることは歴史が明確に物語っている。その変化の様子から、それぞれの時代の持つ意味について考察することは、いまを知る意味でも重要なヒントがあるように思える。

西洋の歴史の中でいえば、とりわけ異質な時代があった。それは、ルネッサンス期の後、マニエリスムの時期を経て、16世紀末から18世紀にかけて起こったバロック時代である。バロックとは、歪んだ真珠を意味するポルトガル語に由来しているという。

ヨーロッパの絶対王政の時代を背景に、その権力者の嗜好《しこう》が花開いた結果ともいえようか。20世紀初頭に活躍したスイスの美術史家ハインリッヒ・ヴェルフリン（1864─1945年）は、バロックというものがどれほど複雑で、激動的で、不規則で、その根底において奇妙である以上に魅惑的であるといって、バロックの独自な世界を賛美していた。バロックは、建築や絵画、彫刻、音楽、文学に至る幅広い分野において、ルネッサンスの均整と調和のとれた美とは異質な美のあり様を示した時代である。

後に、19世紀末から20世紀初頭にかけて、産業革命や工業化に対するアンチテーゼとしてヨーロッパで広く流行したのが、自然の有機的形態をモチーフに曲線を多用したアールヌーボーである。

このように歴史の変遷の大きな節目が文化レベルで表現される現象は、建築の世界では、現代建築におけるポストモダニズムという形で表れたといえる。それは現代社会の矛盾や複雑さ、葛藤などに由来する、不規則で非連続、不均衡などのデザイン上の特徴を持っていた。同時期に、フランスの哲学者ジャック・デリダ（1930―2004年）も記号論的観点から「脱構築＝デコンストラクション」をテーマに多くの著作を発表し、時代を席巻してきた。

こうした動きは、まさに現代社会の歩んできた教条的、画一的、工業化という力によってつくられた資本主義への抵抗であったのである。決められた枠組みからの逸脱こそが、自らのアイデンティティーを獲得するための方法だと考え、より自由を求める自らの希望や期待を素直に表現することこそ、生きる意味であるという主張である。

さて、このような歴史の事実を遡行してみると、反動的な時代が、後の時代のあり様に果たしてきた意味が読み取れるように思える。アンチテーゼとなる時代は、時代の本質を示しながらも、そのアバンギャルド性によって長く続くことなく終焉を迎えることになる。しかしながら、その時代がどれほど後世に大きな影響を与えることになったのかを考えれば、いまの時代のあり様を考えるきっかけとなることはたしかである。

英国のオープンガーデン

2023年9月20日

世界的に環境問題に多くの関心が集まっている。地球温暖化という現象を、最近の気候変動の様子から身に染みて実感できるようになってきたからであろう。

それは、文明がつくり上げてきた人工的な環境のあり方について、さまざまな形で疑問が投げかけられ始めたということでもある。すなわち、自然環境と人類が生み出してきた環境との関係性について改めて問い直すことでもある。その答えの一つとして、いま英国人の生き方に注目が集まっている。

なぜ英国なのだろうか。英国は、現代の人類文明の大きな流れを決定的に加速させた産業革命の発祥地である。その意味では英国は、いわば人工環境の揺《よう》籃《らん》の地であるともいえるが、一方では、四季折々の自然を存分に楽しむ習慣が深く根付いている国でもある。その人工環境の対極にあるともいえる自然観を表現するのが、自然の景観を取り入れた風景式庭園、いわゆるイングリッシュガーデンである。

さて、その英国には、「オープンガーデン」というイベントがあることをご存じだろうか。英国らしい庭園を愛《め》でる精神がよく表れているのがこのオープンガーデンである。イングランドとウェールズを中心として、有名な公園や庭園だけでなく、普段は見ることができない個人の庭園を訪れることができるというものである。

主催しているのは１９２７年に設立されたナショナル・ガーデンズ・スキームという慈善団体で、得られた入場料は看護慈善事業に充てられる。オープンガーデンに参加している庭園は、表紙の色から『イエローブック』と呼ばれるガイドブックに掲載されるのだが、個人の庭がここに掲載されるためには、地域の審査委員による審査を経る必要がある。審査基準もあってなかなかに狭き門であるという。それだけに、『イエローブック』に掲載され、オープンガーデンに参加することはガーデナーにとって大変栄誉なこととして受け止められている。そうした栄誉が契機となって、さらに庭いじりにも熱が入ることになるのだろう。

こうした庭園巡りは、英国では18世紀には始まっていたといわれている。このほかにも、例えば、庭園の美しさ以外に街の美化などを含めて、自治体単位で競うブリテン・イン・ブルーム、また世界最大規模の園芸イベントのチェルシー・フラワー・ショーなど、よく知られたイベントも多い。さらには、16世紀の英国の哲学者フランシス・ベーコンが、その著書『随想録』の中で庭園について述べているほどである。英国人の庭いじりに対する高い関心がいかに古くからあるのかがよく分かる。

コロナ禍の日本では、自宅にいる時間が増えたためなのか、こぞってガーデニングへの関心が高まったといわれている。自然への畏敬の念が、英国では庭いじりという場面を通して表れている。一方、日本は自然とともに営みを続け、文化を育んできた国でありながら、樹木の伐採が話題になり、ニュースになる。それは英国では考えも及ばない事件であろう。

弱さという価値観と建築

2023年8月28日

「強靭さ」がいまほどいわれていることはない。強靭化とは、いうなれば強い、骨太、負けないなどの意味が込められたものだが、政府が進める国土強靭化も、災害に対して人命を守り、経済社会への被害を抑えられるよう十分な対策・準備を怠ることなく進めるというものである。当然、ハードな国土保全だけではない。社会生活のすべての領域にわたって強靭化が期待されているということでもある。

その政策や思いが間違っているわけではないが、単に強さを願うだけでは強靭化は果たせない。その対極にある弱さを理解し、ともにあることが必要なのである。強さと弱さ、両者ともに絶対的なものではない。それらは相対的なものであって、補い合うことが自然なことなのである。自然界がそうだ。強い者だけでは世界は成立しない。例えばライオンは百獣の王などといわれるが、彼らにも強敵がいる。それは巨大なゾウやサイだけではない。とても小さなか弱い一匹の蚊に刺されて死に至ることもあるのだ。

翻って、現在の建築界は何を模索しているのか。テーマの一つとして環境問題がある。最近では木材の利用が推し進められているが、その目的は、ただ単にコンクリートや鉄といった部材の代わりに、木材を用いることによる素材の代替だけにとどまらない。木材ならではのやさしさや肌触りの良さを求めるということもあるだろう。しかしながら、何よりも大きな理由は、環境にやさしく、循環型社会に貢献し、地球温暖化にも寄与するという効果を期待しての採用であろう。

日本建築では、紙や畳など、強さとはかけ離れた弱々しい素材を使いこなしてきた。障子に張られた和紙を通した柔らかい光、イグサという植物からできた畳表の感触など、自然素材のしなやかな弱さを巧みに利用した素材の使い方である。無論、その弱さゆえにメンテナンスもきめ細やかに施すことが必要になるが、そのために常に新鮮で、すがすがしい感覚を保つことができるのである。

西洋の合理的価値観からすれば、弱さは排除され、強い者のみが生き残ることになる。その象徴が、ローマ時代にコロッセオで行われた百獣の王ライオンと人間との格闘技であろう。もし人間が勝利すれば、誉れ高い名誉が与えられる。すべて強き者だけが選ばれるという価値観は西洋の原点にあるのだろう。ローマ帝国の世界征服の夢も、強きローマの価値観にあったのである。かつてヨーロッパで起こった戦争もすべてそうした価値観に基づいたものだ。

しかし、現在のグローバル社会においては、そうした強者の論理だけでは成り立たないはずなのだが、依然としてそれがまかり通っている。ロシアのウクライナへの侵攻などはまさにそうした強者の論理である。

日本がいまできることは、弱さを共存させる仕組みを世界に発信することだ。経済的優位性という強さではなく、弱さを巻き込んだ相互の信頼を勝ち取る能力の高さである。それこそが、岸田首相が唱える「新しい資本主義」の姿なのではないか。

開かれる都市と影（上）

2023年8月23日

日本では限定的ではあるが、都市の再開発が活発化している。現代社会のニーズに対し、老朽化した既存の都市機能が追い付かないのか、急速な市場経済の変化に合わせた形で進みつつある都市の変貌である。経済的メリットを高める理由があるからである。

21世紀に展開されつつあった資本主義経済社会は、現在のロシアによるウクライナ侵略が影響して、さまざまな予測が外れ、デジタル社会の現実と新たな社会経済の間に不協和音が生まれるという状況が見え隠れして、格差社会はますます進行している。日本国内では少子化などの人口問題が労働市場に影響を与え、都市に対しても暗い影を落としつつある。

そもそも、資本主義とは、経済の概念が中心にあって成り立ってきたのである。いわゆる利潤資本主義である。その論拠となる経済学は、生み出された理論体系から考えると倫理の世界との決別を前提としてきた。

その前提はいまなお生きている。いわば非情ともいえる利潤追求の経済学は、資本主義の原点といえるだろう。そうした経済学が現在の多様性に応える明確な倫理体系を持つことは、その成り立ちからして極めて困難であることはいうまでもない。結果として、現在の社会に格差や不条理が蔓延しているように思われる。そしてその構図は、現在の都市活動にも反映され、物理的な都市の姿に色濃く投影される。

現在の世界経済は、一握りの富裕層が実権を握っているというのが実態である。そうした富裕層が期待する都市像は、利潤追求の経済学の観点から最も照準を合わせやすいものだろう。輝ける都市の頂点に暮らす世界を描きやすいからである。

——都市は経済的利益のための存在ではない——

しかし、いまやそうした一握りの富裕層に限らず、より幅広い社会階層にも格差が広がりつつある。その根源は、経済的利益に誘導された企業の資本の論理にあることは明白である。それらの描く都市像は一様に、輝けるステータスを誇るための経済的論理が優先されたものである。身近な例でいえば、タワーマンションのより高層階を選ぶ、あるいは都心の一等地を選ぶという価値観である。

しかし都市とは、そうした輝く場所＝利益を生み出す世界だけで成り立っているわけではないし、都市社会での人間の活動は、市場経済のみで成り立っているわけでもない。

再開発という名目で進む都市の改造は、どちらかというと都市の影の部分の除去、排除が目的であって、老朽化した施設を更新することで経済的価値の拡大を図ることを主眼としているわけだが、都市社会の影を消去することに関心が向き過ぎているように思われる。

あらゆる現象には、光と影の二つの側面がある。都市にあえて影を生み出す必要はないが、影は都市にとって必然である。光あるところ、必ず影は生まれる。それゆえに、影が生み出される必然に配慮した計画を立てることは当然であろう。

――市場経済の不確実性と倫理資本主義の限界――

いまさらいうべきことではないが、マックス・ウェーバーの『プロテスタンティズムの倫理と資本主義の精神』に示されている職業倫理の回復が必要である。

しかしながら、経済的論理は、投資とその見返りである利益との関係によって組み立てられたものである。そうしたいわば非情なロジックに対する反省から、倫理資本主義が提唱されているのであるが、倫理観に配慮した経済活動がどれだけ、どこまで機能するのかは未知数である。

市場経済がますます放任主義的になっていることに対し、多くの経済学者、例えば市場経済を擁護したミルトン・フリードマン（1912－2006年）でさえも、その行き過ぎを指摘しているように、効率や経済的価値ばかりを優先すると、社会的価値が毀損《きそん》されることは自明だろう。そして、そうした毀損を補填《ほてん》することは現実的には容易でないことも明らかだ。現在ではＡＩ（人工知能）による判断も導入されてはいるが、ＡＩがどこまで倫理の問題に切り込めるのか、社会的倫理観が市場経済の流れにどれだけコミットすることができるのかは、まだまだ疑問符がつく。

――格差社会の中で都市が果たす役割――

そうした歪みを是正するのが行政である。それだけに、公共投資の重要性を改めて問いたい。例えば、経済的格差の是正には、再分配のための公共投資が不可欠であり、公共施設には、格差是正のナビゲーターとしての役割が求められている。それゆえに、倫理資本主義の構築に当たっては、適切な公共投資が存在するべき理由がある。民間主導のプロジェクトをいかに行政がサポートし、影をなくす政策を持ち込むことができるのか、そこがいま一層問われているのである。そして結果として示された都市の姿こそが市場経済の歪みの是正に寄与することになる。

フランスの経済学者ジャック・アタリの指摘する「連帯の必要性」は、まさに利他主義の評価であり、「公共」の役割を期待する言葉である。利他とは、影（格差）にも光を当てることを意味している。それは都市デザイン（計画）への期待でもあるのだ。

開かれる都市と影（下）

——2023年9月13日

都市という存在は、常に光と影を携えて存在している。光とは華やいだ活力に満ちた姿であり、影とは光が差さない活力を失った場所である。

2023年6月末に、フランスのパリ郊外の街ナンテールで、警官による17歳の少年の射殺事件が起き、この事件をきっかけにフランス全土にも暴動が広がった。フランスは、すべての国民は平等で普遍的価値を有する存在であるとした人権宣言を発した国である。

そのフランスでさえも、いまだ人種差別や経済格差が根深く存在していることを浮き彫りにしたのがこの事件である。

ナンテールは、フランスの大規模都市再開発地区ラ・デファンスが位置する街の一つである。ラ・デファンスは、歴史的建造物などが多く、再開発が難しいパリ中心部に代わって、大規模団地やホテル・商業施設など超高層ビル群が立ち並ぶ場所でもある。

その再開発にあたっては、既に述べたように、光を生み出すために犠牲になったものがさまざまな形で影となって残されている。もちろん、こうした問題は世界の各地で起こっているのだが、その象徴の一つがこのナンテールの事件である。

このように、欧米では伝統的に移民問題が都市の姿に影を落としてきた歴史がある。人種問題と経済格差を消し去ることは容易ではない。それだけに、それらの問題が都市に色濃く反映されているのである。

いうまでもなく、アジアでも多くのスラムが再開発により一掃され、光の部分だけが強調されているが、無論、それによって影の部分がなくなるわけではない。

――グローバルな連帯と格差の是正が必要――

一方、現在の日本では、欧米のような移民問題はほぼ皆無に等しいが、それでもさまざまな社会問題が都市に色濃く投影されていることも事実である。それは上編で述べたとおり、経済的利益を誘導するための都市開発があるからである。利潤資本主義の下では、光を求めての開発行為は当然の帰結である。経済効果を高めることが主眼となるのは当然であって、影を意識した都市開発など誰も考えることはない。

ここで問題にしたいことは明白である。社会の経済的歪みや格差の是正は、利潤資本主義の下では容易ではないとしても、それをただ放置してよいということにはならない。都市問題として、単に輝ける都市を目指せばよいというわけではないということだ。

歪みや格差という矛盾に対して、われわれは都市という形式を通して何ができるのか問われているのである。都市再開発の意味が問われている理由もそこにある。都市において、どのようにすれば社会的弱者を救済できるのか、経済格差を減らすことができるのか。

上編で触れたジャック・アタリの指摘以外にも、イスラエルの歴史学者ユヴァル・ノア・ハラリも「グローバルな連帯の必要」を述べている。その連帯とは、それぞれのトラスト（信頼）を前提として成り立つものである。単に連帯を政治的課題として総括的に捉えるのではなく、世界が成熟した証として、多様性を包含した都市の役割を成り立たせる要件として捉える必要がある。

グローバル社会の理念は、信頼を基礎として「相互が協調して成り立つ社会」を目指すことであり、多くの人々がその実現を信じて協調・連帯していきたいと思っている。そして、都市や建築の観点からそれを実現していくことが、われわれ建築家や都市計画家に託されているのではないのか。

――公共の使命としての都市空間の役割――

「公共」の役割も、そうした協調・連帯の礎となることである。市場主導の自由主義をリードしてきたフリードマンさえも、市場の不確定性や暴走に対して、健全な支援をしていくことが「公共」に期待されていると考えている。

利潤資本主義の行き過ぎた矛盾を、自ら是正する自己制御機能に期待することがどこまで可能なのか、倫理資本主義のテーゼの下にできることの限界も見えている。グローバルで社会を成立させる前提は、世界の役割分担と協調であるはずなのだが、それが理念として理解されても、ウクライナ紛争で大量殺戮行為が平然と行われるという不条理を回避することができない現実は、まさに現代社会の持つ不確定性であり、不条理なのであろう。

世界を俯瞰《ふかん》すれば、影となる構図はウクライナの悲劇だけにあるわけではない。先に示したフランスの暴動も同じである。そして日本はどうだろうか。一見平和で、安定した社会であるように見えてはいるが、欧米諸国に比べて際立って自殺率が高いという現実は、何を物語っているのであろうか。無論、そこにあるのは経済的格差だけではないだろう。多くの人間が集まってできている極めて複雑な社会の中では、さまざまな葛藤や苦悩が日常的に引き起こされる。それらもいわば日常の「影」であるが、そのような社会の影というものをいかにして取り除くか。人間同士のコミュニティー（連帯）のあり様をどう考え構築していくのか、避けて通ることはできないそうした複雑な問題に対する適切な解を考えるのが建築家や都市計画家の大きな役割の一つである。単に都市に公的な場を生み出すということだけでなく、「開かれた多様な場」を設け、それらの連鎖・連携によって生み出される新たな都市の姿（つくり方）を考えることである。

公共性とは、国民生活を安全に導き、社会全体に活力を与えた結果得られるものである。誰もが利便性を獲得し、平和を共有する権利が保障されるためには不可欠な要素でもある。そうした理念を構築するために、都市や建築には公共的な役割がある。その理念を実現させることが大きな使命の一つであり、都市や建築に与えられた公共性の意味なのである。

ＤＸ・ＡＩ時代のもう一つの危惧

2023年7月28日

最近のＡＩ（人工知能）の進化は恐るべきほどである。ＣｈａｔＧＰＴのような対話型ＡＩや、画像生成ＡＩを使うことは日常的なこととなってしまったようである。最高学府である大学もＡＩなくして存立しないといわれ始めた。さらには、ＡＩが人間の職業を奪い取るのではないかという議論も喧《かまびす》しい。ＡＩの進化がそのまま現代文明の新たな局面への展開、すなわちＤＸ（デジタルトランスフォーメーション）社会の幕開けとして捉えられているかのようである。もちろん、ＤＸやＡＩなどに傾倒するのは文明の必然ともいえる。利便性の追求こそが文明を突き動かす源泉だからである。

しかしながら、社会全体が利便性にあまりに傾倒し過ぎることは、かなり危険なことだと認識しておく必要があるだろう。筆者もＡＩを少しばかり試してみたが、その答えは社会一般に流布している情報を極めて優等生的に、そして破綻なく整理したものでしかないように感じられた。「新たな発見」や「心を打つ感動」「期待する未知の世界」は見えてこなかったのである。

もちろん、そうした体験をもってＡＩの可能性を否定し、決別すべきなどというつもりは毛頭ない。しかし、ＡＩへの行き過ぎた傾倒は、人間本来の力である好奇心や発想力を弱めてしまうのではないか、そして、そこから生み出される途方もないアイデアが失われることになるのではないかと心配している。ＤＸの時代を迎えることは結構だが、そこには光と陰があることを忘れてはならないだろう。例えば、ＡＩに対しては一定の距離感をもって関わり、人間にはないＡＩの能力を巧みに利用し、人間自体の能力の拡張を図るという感覚を持つべきだろう。社会が極度にＡＩに依存するようになってしまえば多分、均一的でつまらない優等生的な社会しかできなくなり、社会は進化どころか停滞するのではないかという危惧《きぐ》さえ持っている。

また、最近多発している都市型犯罪も、ＤＸ時代の陰の部分の表れであるということを看過できまい。ＳＮＳ（ソーシャル・ネットワーキング・サービス）を通して、顔も名前も知らない他人と組んで罪を犯すという闇バイトの出現は、まさにＤ

Xの時代の産物ではないか。犯罪や暴力の形までも変わり始めている。人が将棋の駒のように、誰とも分からない者からの指令によって動かされるという、想像だにしなかった犯罪システムが生まれてしまったのである。しかし、それ以上に恐ろしいのは、単に血の通った肉体だけでなく、精神という複雑な回路を備えた人間という生き物が、これほど簡単に、善悪の判断を停止して、一つのシステムに組み込まれてしまうという事実である。

無論、こうした事例はＡＩという存在とは直接的には関係がないように思われるかもしれない。しかし、来るべきＤＸ社会が、人間が本来的に持っている思考の流れや心の動きを経ることなく、ＳＮＳなどを通じた命令に従うようになったり、ＡＩによって簡単に結果を提示するシステムに依存してしまうことになれば、人間が社会に埋没してしまうのではないかと危惧している。それは筆者だけではないのではないだろうか。

利休の鼠と日本の色彩

2023年7月21日

愛媛県大洲市の臥龍山荘を見る機会があった。伊予の大河・肱川を望み、独創的美を纏《まと》ったその建築について、知る人ぞ知る誉れ高い存在であることを知ってはいたが、初めて目にしたとき、幸せを感じるほどの驚きがあった。

臥龍山荘は、明治期に木蝋《もくろう》の輸出で財を成した大洲出身の実業家、河内寅次郎の山荘として建てられた。地元大洲のほか、京都から千家十職などの名工を呼び寄せて造らせた、独創性に満ちた数奇屋建築である。その特異なデザインは、単なる数寄屋の域を超えて、新鮮な驚きや発見を見る者に与える。

その中の臥龍院と呼ばれる建物の中に、霞月の間という八畳の茶室がある。そこにある襖《ふすま》の色彩。「利休鼠《りきゅうねずみ》」と呼ばれる渋い灰色に、緑がかった染唐紙、引手は蝙蝠《こうもり》型の金具で、夕暮れの表情を表しているといわれている。この場所に貼られた「利休鼠」の紙は、侘《わ》び寂《さ》びを表現するこの空間の構成要素の重要な一つになっている。

日本の形と空間の粋な表現が、この臥龍山荘には色濃く塗り込められているのであるが、ここで改めて日本の色彩について考えてみたい。

日本には、江戸時代後期に「四十八茶百鼠《しじゅうはっちゃひゃくねず》」と呼ばれた流行色がある。微妙に色合いが異なるさまざまな茶色や鼠色のことで、実際にはそれぞれ１００色を超える色合いがあったといわれる。庶民の華美やぜいたくを禁ずる江戸幕府の奢侈《しゃし》禁止令により、身に着けることができる着物の色は、茶色や鼠色、藍色のみとされてしまった町人たちが、不自由を逆手に取り、地味な色の中にさまざまに異なる微妙な色合いを求めたのである。それらの色には、一つひとつ名前が付けられた。人気役者や、歴史上の人物から取った名前もあったという。先ほどの利休鼠もその一つで、実際には茶人の千利休とは関係がないのだそうだ。

いずれにしても、そうした経緯があるからなのだろうか、鼠色に近い色彩は、いまでも日本人の琴線に触れる色合いであるように思われる。臥龍院の利休鼠も、いまなお現代人の心を打つ色であるが、現代建築において打ち放しのコンクリートがもてはやされるのも同じことであろう。人が活動する空間のニュートラルな背景として最もふさわしい色合いということだからであろうか。

しかし、これほど日本人になじみのある鼠色を海外で見かけることはほとんどない。中国などにその気配を見ることはできても、日本の鼠色が持つ侘び寂びの世界とは程遠い。鼠色にこだわる日本の色彩の原点は、理不尽な制度に対する反抗心によるものであったが、それがやがて人の心の中に染み渡り、鼠色に対する嗜好《しこう》が、いまなお引き継がれていることの不思議さを思わずにはいられない。色彩の持つ文化的な意味合いを考えると、鼠色という色から日本の精神構造が透けて見えるようだ。奥ゆかしさということなのだろうか。

臥龍院の霞月の間という小さな空間の、奥まった襖の利休鼠の色彩が、どれほどに数寄屋建築の趣を生み出しているのか、夢膨らむ世界に浸っている。

建築のファサード表現は未来を語れるのか

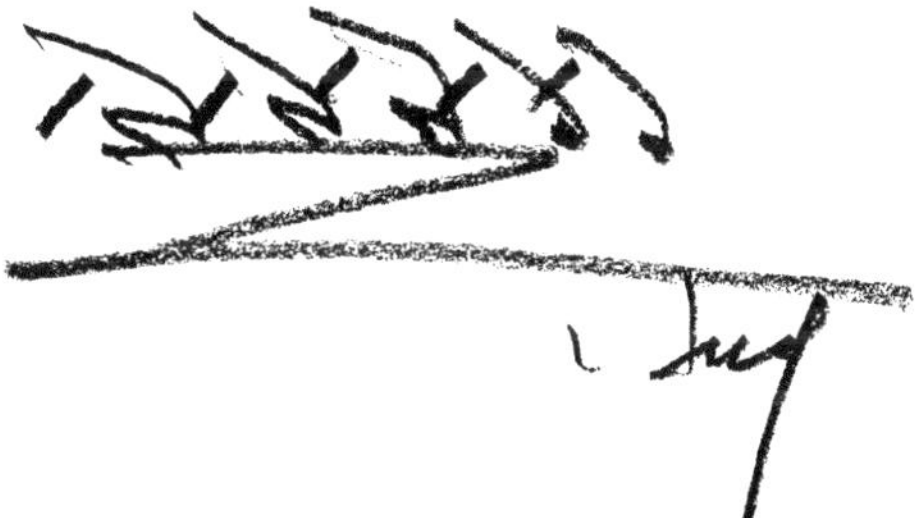

2023年7月19日

建築が表層化してますます軽くなり始めている。建築というものは、いつの時代でも、その内部で執り行われる活動や性格が表出するものであった。しかしながら、最近の建築には、そうした表現があまり見られないように思われる。社会的風潮やトレンドへの関心に支配され、短命的な経済活動に関わることが優先されているからなのか、広告塔のポスターや商品のパッケージのような表情が突出し過ぎているのではないか。そうした危惧の念が本稿のテーマである。

――皮膚が持つ役割・機能／建築の外皮そのもの――

例えば、人体の表皮と建築の外皮（外装）について考えてみよう。人体を覆っている皮膚ほど、人間の外形や表情を雄弁に語る部位はない。その役割・機能は、建築のそれと酷似していることに驚かされる。人間の皮膚は表皮、真皮、そして皮下組織に分けられているが、その生態的機能は、まさに建築の外皮を彷彿《ほうふつ》とさせる。皮膚には五つの機能、すなわちバリアー機能、老廃物の排除、体温調整、エネルギーの保管、感覚の伝達があるが、これはまさに建築の外皮の機能そのものであるといってもよいだろう。とりわけ、皮膚の「感情を伝達する機能」と、都市景観を生み出す上で重要な建築の外皮の役割、そのアナロジー性においては、極めて示唆的であると思う。

――ポップカルチャーとしての建築／「記号」として消費する文化――

さて、私は、常々、建築は社会を反映しているといい続けてきた。建築がその時代の持つ感性や社会的傾向を受け入れた上でつくられることは、いつの時代も変わることがないはずだ。こうした私の考えは、社会を反映することがアクチュアルな現実であるとする、多くの哲学者や評論家の意見にも裏付けられている。それは正しい現実を表しているのであろうと思う。

例えば、1970年代の米国文化の様相について、米国のジャーナリスト、トム・ウルフ（1930―2018年）は、マージナルであることの喜びについて述べた。マージナルとは周縁のことで、いずれの文化やカテゴリーにも属さない位置にいることなのだという。建築についていえば、強い理念や恒久性を求める意味は、もはや失われたものだとする考えである。そして彼は、著書『バウハウスからマイホームまで』（諸岡敏行訳、晶文社、1983年）において、現代社会は、バウハウスが生み出した近代合理主義的で教条主義的な呪われた世界から抜け出そうとしているとして、ポストモダン的相対主義の中で、自由に生きるポップカルチャーを評価し、それは〝人間の文化を取り戻すことだ〟と述べた。

また、現代社会における消費文化が引き起こした社会構造の変質について、フランスの哲学者、ジャン・ボードリヤール（1929―2007年）は、現代社会で生産されるものは、すべてが消費される記号に過ぎないと指摘した。記号は人それぞれの感性や価値観で取られる対象である。建築も、その用途や使われ方ではなく、単に記号としてのみ意味が立ち現れ、時とともに消え去る、忘れ去られる対象なのだという。こうした指摘は、現代という時代にだけ当てはまる問題ではないとしても、過剰な消費社会の所産というべきであろう。

それは明らかに、現代社会の消費の速さに関係している。資本主義が生み出す欲望の一つの頂点としての経済至上主義が求める、短期的収益構造とも関わるのであろう。

――「文化の形」を持つ建築／未来に何を託すのか――

しかしながら、トム・ウルフやジャン・ボードリヤールのいう、ポップカルチャーとしての建築や、建築を「記号」として消費する文化に対し、われわれは建築という「存在」にどのように身を託して生きていけばよいのだろうか。現在というアクチュアルな瞬間だけを表層的に受け入れる社会を、どのように理解すればよいのだろうか。

そのためには、人間の生存をしっかり確かめられるような、確固たる「文化の形」を建築に求めることが、いま一度必要に思えてならない。それは、われわれが未来に何を託すのかを考えることと同じだと思う。

とりわけ私が危惧を抱いているのは、最近の建築が、いまの日本社会のムードを反映した表現を纏っているように思えてならないことである。特に社会や都市空間に対し大きな影響力を持つ高層ビルの表層のデザイン＝ファサードが、都市秩序に対する一抹の不安を表しているのではないか。パッチワークされたまだら模様の高層建築などを見るにつけ、心穏やかならざるものを感じる。

──ファサードの本来の役割／都市の永続性を表現──

もちろん、表層デザイン＝ファサードだけで建築が決まるということではないことは分かっている。しかしながら、建築におけるファサードは、人体の表皮に劣らず、極めて重要な要素であることもたしかなことである。建築においては、そのファサードが、都市に向かって自らのあり様を説明し、語りかけているのである。

そして、建築のファサード表現が都市に対して本来持っている役割は、文化の集積としての都市の永続性を表現することではなかろうか。言い換えれば、現在の社会と都市と、そこから連続する未来に対する期待の表現ということになる。そうであるならば、建築のファサード表現は、単に時代の雰囲気を反映させたものだけにとどまるものではない。

未来に向け「永らえる都市」のあり様をどのように考えるか。それはいまを生きるわれわれにとって極めて大きな問題であるが、その思考の端緒となるのがファサードのあり様なのではあるまいか。なぜならば、都市は刹那的に存在するものでは決してなく、過去を土台にして、現在があり、そしてそこから未来を生み出す存在なのだからである。

それは、建築を巡るオーセンティックな問題である。世界各地の古い都市を見れば分かることでもあるが、以前にも述べたように、そこにあるのはプロポーションの美学であり、究極的にはシンメトリーに行き着くことなのではないかと考えている（112ページ「シンメトリーの探求——美の本質を問う」参照）。

建築のファサードには、現在を通して、過去から未来をつなぎとめるという意味が込められているのである。

脳（力）とＡＩ

２０２３年６月30日

いまや、ＣｈａｔＧＰＴなどの生成ＡＩが話題にならない日はないほどだが、同時に日常的なツールとして身近な存在にもなりつつある。民間企業のみならず、政府機関でも使用が開始され、公文書の作成や記録の確認などに力を発揮し始めているという。教育機関においても、学生ばかりか、教える側もテスト問題の作成に利用するなど、極めて短期間のうちに社会に定着した感がある。

しかしその一方で、弊害があるとの声も聞かれ、問題も指摘され始めている。殊に、子どもたちへの影響が心配されている。筋道を立てて思考することの何たるかが理解されないうちに、結果や答えだけが簡単に提示されてしまうことへの危惧である。一つの仮説に対してその正否を実証するためには、さまざまなプロセスを経て結論に到達する必要がある。その過程こそが人間の思考なのであるが、それを経ずして結論を得てしまえば、人間としての成長はないということだろう。

さて、筆者が最近目にしたオックスフォード大学教授の数学者、マーカス・デュ・ソートイ氏の著書『数学が見つける近道』（冨永星訳、新潮社、２０２３年）は、考えることの重要性の何たるかについて、まれに見る示唆を与えてくれる一冊である。ＡＩを考える上で、まず人間の脳で考えることの重要性を知ることができる。

一つの結論を導くためには多くの方法があるが、そこに近道があるとすれば、その近道を探し出す方が望ましい。人間の脳（力）は、コンピューターに比べて容量、処理速度ともに限られている。しかし、だからこそ人間は近道を探し、コンピューターとは違った道筋で答えを模索することが有効なのだ。この本では、この人間に本質的な近道への能力の有用性について、カール・フリードリッヒ・ガウス（１７７７―１８５５年）をはじめとする数学者たちのエピソードを紹介しながら述べている。

近道の方法はいろいろとあるが、これらはすべて、数学による概念操作が日常的な思考と深く関わる様子を描き出している。

われわれが暮らす日常は複雑な世界であるが、その中でいかに賢く、近道を使って生きるかを考えるヒントが数学の中にあるということだ。

例えば、著者が敬愛するガウスのエピソードがある。一つは、９歳の時、１から１００までの数字を足した答えはどうなるのかと聞かれたガウスは、即座に５０５０と答えたそうだ。それらの数字を両端からそれぞれ足し合わせると、１＋１００、2＋99、３＋98……99＋2、１００＋１とすべて合計が１０１となる。それらが50組あることから、１０１×50＝５０５０と計算したのだという。また、15歳の誕生日にもらった本に書かれていた対数表を見て、素数が冒頭の対数とつながっていることに気づいたことが、やがて無作為に選んだ数が素数である確率を予測するための素数定理につながった、という事例もあるという。

優秀だが近道を知らないＡＩに対し、こうした数学的近道という戦略的方法がどれほど人間の脳（力）の活性化に寄与するのか。それはいうまでもないことだ。

AIが進める統合化への道

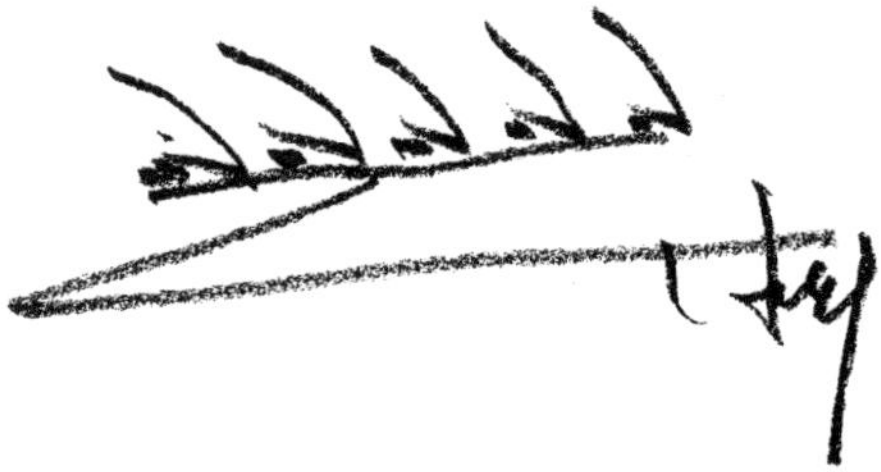

――２０２３年６月21日

現代社会の複雑さは、日増しにその度合いを高めつつあるように思える。われわれが関わる社会的領域も、小さな地域社会から、いまやグローバル社会へと驚異的な広がりを見せている。

こうした現代の状況は、世界の近代化が生み出したものである。その歴史を大まかに振り返れば、西洋から始まったものである。封建的国家社会から、市民革命による社会階層の変動や産業革命による工業・経済の発展を経てきたのであった。

一方、日本ではどうだったたろうか。明治維新による西洋文化の受容過程が極めて急激な変化を社会に巻き起こしてきたことは想像に難くないが、いずれにせよ現代社会の礎をつくってきたのは、モノの豊かさを生み出してきた工業化であったとする考えに異論はないであろう。資本主義の成立も、財の生産や移動によって生み出される利潤との関係の上に成り立っているからである。

そして、現代社会における極度なまでのモノの豊かさの原動力は、生産システムの合理化によるものである。それはいわば生産工程の分散化・分業化である。一つの製品をつくり出すために、流れ作業が滞ることのないようにすることである。そうした分散化・分業化がさらに進んだのがサプライチェーン・システムである。そのシステムは、いまや国内にとどまらず、広くグローバル化してきたのである。

――揺らぐ生産システム／分散化に対する疑問が浮上――

ところが、世界の政治・経済状況の変化に伴って、そのシステムが揺らぎ始めているというのが昨今の状況である。原材料の調達や流通の停滞、あるいは人材不足など、コストや納期に影響する問題がさまざまな領域で起こってきている。低コストを主な理由とする海外への依存のあり方も見直さざるを得ない状況に陥り、分散化の合理性に対する疑問が浮上してきたといってもよいだろう。

ここで多少の注釈を加えれば、分散化とは、すなわち要素還元主義の問題にも帰着するといえるだろう。要素還元主義とは、何らかの複雑な現象や物質に対してそれらを構成する要素に分解し、一つひとつの要素を分析し、理解することによって、全体を理解することができるという考え方である。もちろん、そうした方法がこれまで成功を収めてきたことも間違いないが、いまやその限界も明らかになりつつある。哲学の分野でも、デカルトの「分解後の統合」も困難になり、ポール・オッペンハイム（１８８５―１９７７年）が提唱した階層モデルも色あせてきている。むしろ現在では、複雑な世界をひも解くには複雑系を同次元的に読み解く方法が有効だといわれている。

――ＡＩが状況突破の糸口に／論理的不整合の是正期待――

そうした中で、ＡＩが状況突破の糸口になるのではないかという気がしている。

現代は、工業化時代に比べて複雑さが増大するとともに、情報化、ＤＸ化の時代へと移行して、モノづくりの企業からＩＴ企業がわが世の春を謳歌する時代に突入し始めているが、問題提起も必要だと考えられている。つまり、ＤＸ時代に至っても、工業化時代の考えがいまだ影響して、思考回路の切り替えができないでいるという実態が浮き彫りになっているのだ。そしていま、「思考の分業化」という不可解な現象と論理的整合性の問題など、さまざまな課題を抱えながら進めてきた方法の問題点が、ＡＩの導入によって明らかにされようとしている。ＣｈａｔＧＰＴなどの対話型ＡＩの出現によっても明らかになってきたことだが、ソフトといわれるシンク型思考の分業化が本当に不可避なのだろうか。

ともあれ、人間の能力をＡＩが補強することによる論理的な不整合の是正が期待されている。もちろん、何が人間の思考に先行するのか、ＡＩの回答がどれだけ問題の核心に迫ることができるのかは現時点では微妙ではあるが、いずれにせよ、今後の発展が期待されるＡＩの力によって、産業システムが大きく変化するであろうことは異論がないだろう。

ただし、そこで重要なことは、人間の能力の限界、すなわち、専門性の深化を図るためにその分散化は避けて通れないと思われていた事実が、ＡＩの出現により、人間の限界を突破できるであろうことが明らかになってきたということである。ＡＩによる人間の脳力（能力）の拡張は、専門領域の分散化を図ってきた工業化という近代の成果に加えて、新たな状況を生み出すことを可能にする事態が生まれたのである。いうなれば、工業化時代の産業の分業化という仕組みが、思考（言語による考察）のレベルでは、ＡＩの出現によって、一元化・統合化の方向に進むことが可能になってきたということではないだろうか。

――分散化の問題解決を目指して／主体性の回復――

分業化には作業効率・専門分野の深化という多くのメリットがあったが、一方でブラックボックス化・タコ壺化している部分も多く、そこに歪みが生まれていたのも事実であり、本来のモノやコトを生み出すシステムとしては問題が多いことも分かっていた。

いま問われているのはハードなモノづくりではなく、考えること、すなわちアイデアの問題に対してＡＩが果たす役割である。それは考える主体の問題であり、その最大の問題は責任者の存在性なのである。責任者の存在性とは、いうなれば主体の存在の自明化であり、主体の持つ想像力、独創性の問題なのである。つまり、ＡＩに期待されているのは、分散化から統合への回帰である。

ＡＩの出現は、哲学ですら解読不可能だった（?）問題の全体像の把握を可能とし、人間の「主体的思考の姿」の回復につながることを期待させる。

ホテルの多様化と都市居住の形

2023年6月15日

以前、本欄で居住生活の二重化について述べたことがあったが、さらに時代は変化してきたようだ。以前述べたのは、豊かな都市生活を過ごしながら、思考の深化を図るために、都市と近郊という二つの場所に住まうことで、適度な距離感と環境の違いによる晴耕雨読にふさわしい雰囲気が必要であるということだった。人間の思考の幅を広げるためには、一つの場所にとどまるのではなく、一定の距離感を持った別の場所が必要だとの思いであった。しかしながら、この考えは一つの理想形だといえる。この考えを実践するのは資産家か、よほどの奇特な人間だけだろうと考えていたからだ。

いま、そうした状況が変わり始めたと考えるようになってきた。それは、都市部に雨後のタケノコのようにつくられている宿泊施設の多様なスタイルを持った展開である。大型のラグジュアリーホテルやビジネスホテルはもちろんのこと、日本独特のカプセルホテルなどが増えている。さらに最近では、シェアハウス型、また読書や映画鑑賞などに特化したホテルなど、規模が小さくても、多彩なホテルが増えてきた。こうした現象は、アフターコロナを見越した日本へのインバウンド（訪日外国人客）を期待してのこともあるのだろうが、必ずしもそればかりではないようだ。それ以外の需要が増大することで、暮らし方や働き方などをはじめとして、社会に変化をもたらそうとしているのである。旅行者を対象とした、宿泊のためという従来の施設のあり方ではなく、むしろ都市生活の深化ともいえる利用のあり方が生まれ始めたのではないだろうか。

つまり、都市生活、都市活動の多様化である。気軽にホテルに宿泊することにより、日常生活に変化を与えるだけでなく、仕事をする上でのメリットも考えられるだろう。都心部にあって通勤から解放されてリラックスできるだけでなく、リモートワークや趣味のための空間としても活用できる第二の場所の獲得でもあるといえる。安いところだと一泊の単価が４０００円程度からあるという。これぐらいの価格なら仕事でなく遊びで使うとしてもさほどの負担にはならないだろう。

これからの都市生活は、まさに多様性に満ちたものになるだろう。第二の場所を気軽に得ることができるようになれば、都市に暮らすことは必ずしも仕事中心の生活ではなくなるはずだ。新たな居場所を楽しみながら働く、いわばワーケーションのような働き方も日常化するだろう。第二の空間をどのように使うかはさまざまであろう。例えば、数人の仲間と共同でシェアハウスのように、自宅では難しい趣味のための空間として使うこともできる。また新たなプロジェクトを立ち上げてスタートアップ企業を運営することも可能になる。利用形態はいわば無限である。

こうした多様なホテルの出現は、新しい都市空間や活動のあり方によって都市そのものを変容させていくことになるといえるのではないだろうか。

場所を変えることで、仕事や暮らしに変化を与え、潤いのある生活を楽しむこと、それが21世紀型の都市生活になると考えている。

少し柔らかい話をしよう

2023年5月24日

過日、料理関係者の会に招かれた際に、料理と建築の話が出た。食事は人間にとって毎日欠かすことのできないものだが、ただ単に栄養を摂取するためだけのものではなく、食の豊かさが文化を支えてもきた。建築も、風雨に対する必要不可欠なシェルターとしての役割にとどまらず、人間の身体や精神に豊かさを与える存在である。

両者をこのように比較する中で「料理は建築である」という意見が出た。うなずける話だと思う。

料理においては、コック、あるいはシェフという料理人の存在がある。優れた料理人になるには、長い修行と訓練が必要とされるだけではない。何をつくるか、客の要望を踏まえながら、素材の目利き、調達から、その力を引き出す組み合わせ、「煮る」「焼く」「蒸す」といった調理法など、目指す味わいやおいしさをどうやって生み出すかを考えることに加え、盛り付けの色彩や形の美しさも重要な要素となる。もちろん、料理にふさわしい器も必要になる。さらには料理を供する空間もそれに似つかわしいものでなくてはならない。料理人としての力量には、腕前に加えて、さまざまな審美眼が求められるということである。

さて、建築にも建築家の存在が不可欠である。建築家は単なる設計者ということではない。現実の社会と深く向き合い、社会の未来に対する洞察が必要だ。その上で、クライアントの要望はもちろん、社会の現実に応えるために、頭の中のイメージを必要な機能や空間のあり様、空間を構成する素材の選択などを行いながら具体的な「建築」として定着させていく。完成した「建築」は、求められる機能を満たすだけではなく、心地良さや気持ち良さが感じられるものでなくてはならない。そして、それが建つ都市や環境とどのように美しく調和しているかも問われる。建築は、住宅のような個人的なものであっても、常に社会との関係において成立し、存在するということだ。

このように考えてくると、スケールの違いはあっても、料理と建築は極めて相似的な関係にあることが感得される。イグノーベル賞のような話だが「ご馳走（料理）は建築である」ことが立証されることになる。食べられる料理と、食べることのできない巨大で無機的な建築が同じであるという論法が成立するということなのである。

それはさておくとしても、両者に共通するのは科学の素養も問われるという点である。料理も建築も、人間の生活を支えるものだ。人命を守るためには科学的な根拠が必要になる。建築はいうまでもないとしても、料理ももちろん同様である。長い間、経験に基づいてきた食品の安全性や効用は科学的に明らかにされてきたし、科学を活用した新たな料理のジャンルも生まれている。

ただし、科学的根拠が尊重されなければならないのは当然だとしても、それだけでよいわけではない。おいしい料理は人生を豊かにするが、それは単なる栄養の摂取にとどまらないからだ。建築も同じことだと思うが、どうだろうか。周りに存在する建築に思いをはせてもらいたい。

フェスティバル（祝祭）ということ

2023年5月23日

　冬が明けて、春から初夏を迎えるこの季節は、生命の歓喜を呼び起こす時期だ。新緑も鮮やかに、動物たちは新たな活動を始める。そして、人はその喜びを祭りに託するのだといえる。

　世界各地で地域の個性に見合ったお祭りが行われている。日本でも、4月から5月にかけてお祭りが各地で盛大に執り行われて、地域の活性化に寄与している。

　さて、先日小田原の街の活性化の一連の活動を見る機会があった。5月の連休中に開催された小田原北條五代祭りである。小田原城址公園を中心にさまざまな行事が執り行われるが、とりわけ市内中心部では各町から出たみこしも練り歩き、晴れ渡った五月晴れの空にふさわしく、老若男女が一つになって街全体が華やいだ雰囲気に包まれていた。かまぼこで有名な商店街でも多くの観光客が舌鼓《したつづみ》を打ち、小田原の食文化を堪能していた。

日本には、こうしたお祭りが10万以上もあるといわれている。お祭りは地域に深く根差した存在であり、地域活性化の原点であるばかりではなく、文化を育てる拠点ともなっている。お祭りは元来神事であるが、祈祷だけでなく、庶民の娯楽＝エンターテインメントとして多様な性格を併せ持つことで地域の文化を深く支えてきたのである。それが、現代においては地域の活力を生み出す原点になりつつあるということだ。

一方で、国際的な規模を持つさまざまな行事やフェスティバルも日本国内では開催されている。例えば、2025年に予定されている大阪の万国博覧会や、先に行われた東京オリンピックなどである。これらは広い意味でのお祭りではあるが、巨額の投資を行い、高額なチケットによる収入が期待される行事である。しかし、こうした国家的で大規模な行事はどれだけ地域や国民の活力を呼び起こすことに成功しているのだろうか。そこにどれだけの意味や価値があるのかを再検討する必要があるのではないだろうか。一握りの利害関係者だけが役得を得るという構図は、先のオリンピックに見るまでもないことである。

高い交通費を使い、高いチケットを買って、時には宿泊してまでも、巨大な国家的イベントに参加する意味がどこにあるのか。いまや世界は開かれたネットの時代である。そのような国威発揚はネットから見れば済むことだ。むしろ、その地域でしか体験できない、市民や企業、大学、研究機関による、小規模な開発や小さなコミュニティーにこそ意味がある。そうした「小さなもの」の連鎖が必要なのだ。国の活力も、地域の小さな単位が生み出す活力にかかっているのではないか。

グローバル社会にあって、国家の役割は金融や防衛などを主なものとしつつ、科学技術やスポーツ、文化育成などの分野に対しては豊かなビジョンを示して方向性を明確にすることが必要なのであって、一過性の行事に膨大な投資をすることではないだろう。こうした行事の再考が必要な時期に来ていると思う。小さな単位としてのコミュニティーが活力を持てなければ、国家の活力も向上しない。

脱炭素への道のり

2023年5月18日

世界の潮流から後れを取る形ではあるが、ようやく日本でもＧＸ（グリーントランスフォーメーション）の実現に向けた基本方針が閣議決定に至った。

２０２２年の7月27日から開催されている、岸田総理を議長とするＧＸ実行会議によるものであるが、閣議決定の概要は、主としてエネルギー供給の安定化と脱炭素化、および「成長志向型カーボンプライシング構想」の実現・実行である。基本方針は今後10年を見据えたロードマップとあるように、詳細に示されてはいる。しかしながら、具体的な行動と成果の実現にはいまだ多くのハードルがあるといえよう。

エネルギー供給の安定化については、ロシアのウクライナ侵攻によるエネルギー危機を受けてエネルギー政策を転換し、脱炭素電源である再生可能エネルギーや原子力のさらなる活用が決定された。エネルギーの安定と脱炭素を両立させるためにはそうした活用は必然であるようにも思われるが、原発の安全性には依然として疑問符が付く。とりわけ、東京電力福島第一原子力発電所では、いまだ溶けて固まった核燃料の残骸（燃料デブリ）が取り出されないままで、当初の計画から遅れている。こうした状況にもかかわらず、エネルギー供給の安定化に原子力を用いようとする政府のやり方に批判が起こるのも当然である。

片や成長志向型カーボンプライシングはどうだろうか。炭素税や排出量取引などの導入は、カーボンニュートラル実現のために必要な施策ではあるが、現状の内容を見る限り、実効性はほとんど感じられないのが実情だろう。

海外では、既にカーボンプライシングは導入が進んでおり、カーボンニュートラルにどのように取り組んでいるかを示さなければ、公共事業のみならず、民間企業間でも事業に参画できなくなっているのが現実である。日本のゼネコンなどでもそうした状況があるという。

日本では、公共施設のＺＥＢ（ネット・ゼロ・エネルギー・ビル）化などが推進されているが、大局的な脱炭素への指針や具体的方針などはほとんど見られない。温暖化対策は対象となる領域が広いために、単に建築だけで取り組むのでは効果が期待できないという。建築資材についてみれば、原材料の採掘から始まり、加工、製造、輸送などの段階で関わるさまざまな企業も、それぞれに脱炭素の責務があるのであって、それらをトータルに見て、当事者の責任をどのように果たしていくのかを議論する必要があるだろう。

現在、全世界的に脱炭素に向け、再生可能エネルギーへの取り組みが活発化しているが、その分野でも日本の遅れは否定できない。太陽光発電や風力発電などの技術は日々進展しつつあるが、安定供給の面ではまだまだ不安定であり、EV（電気自動車）やスマートシティーとの連携で安定化を試みる計画はあるものの、いまだ実効性が成果を見るまでには至っていない状態だ。

何よりも、GXへの取り組みとその実効性が複雑で分かりにくいのが問題である。カーボンニュートラルが喫緊の課題であるという意識付けの推進が必要なのではないだろうか。

漂流し始めた日本
——場所性の喪失

2023年5月17日

20世紀後半から広がったデジタル社会に連動するように、グローバリズムが一気に進行してきた。世界各国がそれぞれに、自らの持つ個性や能力、そして地勢的特徴を生かし、他の国々と関わる社会を世界は大いに期待していた。例えば、産業界における広域にわたるサプライチェーン・システムの構築などがその良い例だ。その勢いが停滞しつつある昨今、日本も世界の動向に翻弄《ほんろう》されている。あたかも日本という船が波間に漂流しているかのようだ。

原因はいくつかあるだろうが、単純に、社会の変化に乗り遅れたということだけではない。政治的な判断も含めて、そうした変化の荒波に対する舵取りができなかったことが大きい。

例えば、デジタル分野では韓国や中国に大きく水を開けられている。ようやく半導体の分野での巻き返しを始めたようだが、どこまで挽回できるだろうか。もともと技術立国を自認していた日本は、世界をリードする優れた技術を持っていた。にもかかわらず、その優位性を生かすことができなかったのである。過去の実績や栄光に安住していたといっていいほどのズレた感覚である。

さらには、日本社会に見られる他者への依存・同調体質がある。国内産業が世界の変化に合わせて高品質な製品をつくりだそうとするこだわりが不足しているのである。コスト競争に対し、国内産業の育成ではなく、容易に製造拠点の海外移転を進めてきた歴史を反省すべきだろう。

――「JAPAN AS No.1」／過去の栄光にすがるのみ――

なぜ、このような状況になってしまったのか。企業の保守的な性格もあるだろうが、まず何よりも、世界に発信できる明快な国家ビジョンがないことが挙げられると思っている。

かつての日本は、敗戦によってすべてを失い、大きな喪失感の中、米国やヨーロッパ各国を手本として、飢餓と貧困にあえぎながら、そこから脱け出ることを目標に、すなわち世界に向けた一つのビジョンを持って、邁進《まいしん》してきた。その結果、「JAPAN AS №1」と世界からもてはやされることにもなったが、現在の日本は次なるビジョンを失い、現実に向き合うことなく、過去の栄光にすがることしかできない状況になってしまったように思われて仕方がない。

日本の社会は、常に負の部分を背負うことによって前に進んできた感がある。がれきから再出発した戦後の復興や、公害問題を抱えながらの高度経済成長、さらには海外からの圧力に屈した結果としての明治維新もそうだろう。産業技術や教育など多くの分野でも、そうした外圧や国内の軋轢《あつれき》など、思いもよらぬ副作用に逐次対応しながら、それらを発展のための試練として前向きにとらえ、乗り越える情熱を持って取り組んできたように思う。

――将来像示された60年代／成長の勢い、国民の希望に――

1960年代の日本は、戦後の困難を乗り越えて経済的成長を始めた時期である。公害問題などの副作用はあったものの、そうした成長の勢いは、同時に国民の希望の受け皿にもなっていた。所得が上昇することにより消費活動も活発化し、食料や工業製品が身の回りにあふれ出した時期である。そして、そこには国家への期待もあった。人口ボーナスや経済成長に伴う税収の増加を背景に、医療福祉や年金などの諸制度を充実させることによって社会環境を整備するという政策の意図が国民にもよく見えていたからである。

また60年代といえば、日本の建築界では丹下健三らが描いた未来都市の提案が次々と発表された時期である。64年の東京オリンピックに向け、新幹線の開通や高速道路の整備など、まさに〝イケイケどんどん〟さまざまな開発が行われた。政治の分野においても、当時の田中角栄首相が打ち出した日本列島改造論など、それらに対する評価の是非はあっても、日本という国の将来像が国民に示された時期でもあった。

フランスの思想家であり、戦略的都市計画家ともいわれるポール・ヴィリリオ（1932―2018年）によれば、哲学は、何もない灼熱の砂漠の中や広大な海の上では生まれないという。思想や構想を喚起する場を離れてしまっては、哲学やビジョンを人が見いだすことはできないということだ。それは、過去（歴史）を投影した場所からの未来のあり様を問うことなのだ。

――ビジョンは未来を予測／政治的指導力そのもの――

ビジョンを考えることはいうなれば未来を予測することでもある。オーストラリア・マッコーリー大学教授で歴史学者のデビッド・クリスチャン氏は著書『「未来」とは何か』（水谷淳、鍛原多恵子訳、ＮｅｗｓＰｉｃｋｓパブリッシング、２０２２年）で未来思考の基本原理を四つ列挙しているが、その中で「もっとも根本的でもっとも複雑」な原理として挙げられているのが「トレンドハンティング」である。これは現象の相関関係や共有された知識など、過去の出来事に基づいて未来を予測するための方法だという。ビジョンとは、期待すべき未来を予測することである。すなわち、不確実ではあるが、こうした方法を用いながら、われわれは常に未来を描き、前に進んでいくということだ。そして過去を下敷きにしつつも時代と連動して描かれ、未来への進路を示すものだ。それゆえ、ビジョンの背後には経済状況や社会環境という時代の持つバックグラウンドが透けて見える。そう考えれば、いまの時代のバックグラウンドは、ビジョンを描くに足るものなのか、疑わしいということになるのかもしれない。

――ビジョンなき政治を憂う――

しかし、それでもビジョンを描かねば、そのバックグラウンドとなる現実が抱える問題も見えてこない。もちろん、その問題を解く手掛かりも得られない。危機に瀕《ひん》した時に、壮大かつ希望を喚起するビジョンを描くことは、時代のバックグラウンドの重要性を呼び起こすことになる。ビジョンを描き出すことは、そのまま都市や国家の活動のあり様を示すことでもある。いわば、帰納法的に描かれる政治的リーダーシップそのものなのだ。リスクを恐れていては、未来に向けたビジョンを描くことはできない。いま、その試みが求められている。

ChatGPTの期待と課題

2023年4月20日

ギリシャ神話の中にピグマリオンというキプロスの王様のエピソードがある。彼が理想の女性を求めて彫った彫像に深く恋をしてしまったあまり、そのそばから離れられなくなり、次第に衰弱してしまった。それを哀れんだ愛と美の女神アフロディーテが彫像に生命を与えて生きた女性に変え、ピグマリオンの妻になったという。

ギリシャ神話を持ち出したのは、もし現代にアフロディーテがいたら、人知を超えたＡＩ

を生み出すことになったであろうと考えたからである。ここには、それほどの力をアフロディーテが持っているということ以上に、自らの似姿を生み出すことに対する人間の願望・欲望が表現されている。

こうした人間の限りない願望・欲望は、神話の古代から現代まで変わることなく連綿と続いてきた。

――激化する開発競争――

その一つの表れが、ＡＩに対する期待であろう。ＡＩはまさに現代のピグマリオン神話なのである。いま、米国の新興ＩＴ企業「ＯｐｅｎＡＩ」が開発した対話型ＡＩ「ＣｈａｔＧＰＴ」がさまざまな物議を醸している。人間からの質問や発話に対し、かなり自然な受け答えをすることができ、一部のバージョンでは米国の司法試験に合格するレベルの回答を行ったという。

こうした結果に対し、いよいよＡＩが人知を超えるという「シンギュラリティ」の段階に至ったかのようにいわれることもあるようだ。同じく米国のマイクロソフト社は、自社のブラウザにＣｈａｔＧＰＴ同様のＡＩを搭載した検索システムを組み込んでいる。Ｇｏｏｇｌ e社もChatGPTに対抗できるAIを発表するなど、ますますこうした競争は激化していくであろう。

しかし、AIの進化については多くの議論が必要であるように思われる。現状のAIによる回答は、既存の情報をつなぎ合わせたものである。そして、それは単なるつなぎ合わせにとどまらず、論理的に破綻のない形で整理されている。その上、一般的には極めて常識的と見える判断に基づいて書かれたように見えるのである。それはそれで技術的な到達点としては評価すべきではある。しかしながら、そこに本来的な意味での独創性や創造性があるかどうかは疑問である。現時点では、AIがまったくのゼロから回答を創造することは考えづらい。それにはいわば一つの哲学が必要であり、単なる知識やデータの蓄積から生まれるわけではないからである。そして、データの出自の問題がある。例えば、ちまたに存在するデータやニュースはすべてが正しいわけではない。そうした情報の正誤の判断はAIにはできないと考えられている。

また、著作権侵害の問題も考えられる。さらにプライバシーの問題も指摘されている。こうした課題を受け、欧州ではChatGPTの制限をかける国も出てきた。OpenAIの設立に関わったイーロン・マスク氏さえ、ChatGPTの問題を指摘し、開発の凍結を求める声明を出したほどだ。

しかしながら、それはＡＩの現在の進化というレベルを見るだけでは判断できないのかもしれない。このままＡＩが進化を遂げた先にあるものは誰にも予測できない可能性が高いからである。

――文明の根元に願望、欲望が――

ここで、改めてギリシャ神話のピグマリオンの願望・欲望について考えてみたい。願望・欲望とは単なる人間の欲求とは違う。欲求とは性欲や食欲など、人間が生きていくに当たっての基本的な欲求、いわば生理的な欲求である。しかしながら、願望や欲望とは、いま現在の時点では困難な事象を乗り越えるための強い思いである。すなわち、未知の世界に対する期待であるともいえるだろう。

文明の進化はすべてこうした願望・欲望から出発している。例えば、現代の都市社会の利便性は人間の限りない願望・欲望が生み出した結果にほかならないのである。自動車や飛行機といった科学技術の成果も、願望の結果なのである。自動車の自動運転も人間のさらなる願望が実現しつつあるものである。そうしたものと同様に、ＡＩにはそうした人類のあくなき願望・欲望が託されているのである。

現在は、ＣｈａｔＧＰＴを巡ってＡＩに関するさまざまな齟齬《そご》や問題点が浮上しているが、それも時間の経緯とともにやがては修正されていくだろう。そして、さらにＡＩが身近なものになるだろう。もはやわれわれは、生活の中から自動車や飛行機の存在を取り除くことができないように、ＡＩから離れられなくなるということだ。

――建築分野にも一段と浸透――

さて、ＡＩはこれからもますます進化し、われわれ人間の願望・欲望のさらなる受け皿になることは間違いない。建築の分野でも、今後は設計デザインの根底的な部分についてもＡＩが活用されることになるだろう。複雑な要件とデザインするという行為を一つにまとめて組み上げることができるようになる日も近いかもしれない。

いずれにしても、機能的ダイヤグラムのレベルの応答に寄与することは間違いなく可能になるであろう。デザインに至る意思決定のあり方は人それぞれに異なり、まさに人間が持つ独自の感性の産物であるから、現状のＡＩの能力ではかなり難しいと思われるが、高度に進化したＡＩが人間の感性をも取り込み、それをデータ化することが可能になる時代が到来するかもしれない。

――ピグマリオンの夢か……AIの行方――

歴史学者のデビッド・クリスチャン氏は著書『「未来」とは何か』（95ページ参照）の中で、人間の未来についてトランスヒューマニズムという思想を紹介し、技術の進歩により人間は「いずれ、コンピューターか強化されたアバターの身体に記憶をアップロードし、ヒトの身体から完全に抜け出すのだろうか」と述べている。

その時、人間はどこに行くのであろうか。まさに「ＡＩの行方」が「人間の行方」をも決めることになるのかもしれない。

建築と彫刻

2023年4月17日

ヨーロッパの都市にとって、広場と噴水、そして彫像は切っても切れない存在である。都市を形成している修道院、教会、大聖堂などといった歴史的建築の至る所に彫刻やレリーフが施されている。その多くは人物像である。それらのいわれはさまざまだが、その都市の文化や政治に功績があった歴史的人物、キリスト教の聖人や神話の登場人物など、建築空間の魅力や美しさを増すための点景表現としてだけではなく、歴史や物語を読むことができるようになっている。当時の記録を読むと、彫刻に取り上げる人物は、聖職者による審議会などを通して決まるという。そのことによって、時には数十年から百年もの時間をかけながら彫刻がつくられ、都市や建築に一層の深みが増すことになる。

一方、現代建築においては、そうした彫刻やレリーフはほとんど排除されている。近代建築の歴史をたどれば、そのことは理解されよう。あえてアドルフ・

ロース（1870—1933年）の言葉を引くまでもないが、彼は空間をデザインすることを常に主題として、装飾を極力排除し、工業化社会に突入し始めた当時の社会に呼応してコストや労働力、そして何よりも工期の削減に寄与し、時代のニーズに見合った新しい建築の方向を示した。その姿勢は社会の近代化の進展と軌を一にして、建築の近代化に先鞭《せんべん》をつけた。後に、ルイス・サリヴァン（1856—1924年）が述べた「形態は機能に従う」というモダニズムのフレーズの先駆けにもなったといえるだろう。

　次第に、装飾的意味合いを持つ彫刻やレリーフは影を潜めるようになり、プレーンで機能的な空間と形態の表現が主流となったのである。こうして、モダニズム建築は20世紀の主流派として大きく花開いた。一方で、モダニズムをけん引してきた社会の近代化と工業化は、資本主義の持つ経済的合理主義に深く関わるだけに、いまなお変わることのない影響力を残してはいるものの、次第に、経済合理主義に対する批判や反省も語られるようになってきた。

　成熟期を迎えた現代社会に生きる人々の考え方になってきたということだ。それを価値観の多様化ということもできるが、現実に地球環境の破壊が進む中、自らにとって何が重要なのかを、経済合理性の追求や効率一辺倒の世界から離れて考えることで、精神的豊かさを求める機運が高まり始めたのである。

しかしながら、そうした時代の変化に対する感性の希求があっても、なぜ彫刻が都市や建築の中に生まれてこないのか。現代社会では、人と人との豊かなつながりやコミュニケーションが希薄になったからではないかと思われる。中世のような濃密な人間関係がないのが、まさに現代社会の特徴ということなのではないだろうか。都市や建築がどのような姿を取るのかは、それぞれの時代における社会の要請に従っている。そう考えれば、われわれが生きている人間不在の都市や建築をつくっている現在という時代をどう考えればよいのか。単に都市や建築と彫刻だけの問題なのか、改めて考える必要があろう。

桜という樹木

2023年4月7日

ことしの桜は例年よりも少し早い開花を迎えているようだ。東京では、皇居の乾通りの桜見が行われて、コロナ禍で閉鎖されていた後の開放感でにぎわいを見せている。

桜の名所は全国津々浦々に無数にある。名所それぞれに地方ならではの個性があり、桜を主題とするさまざまなお祭りやイベントが繰り広げられている。桜ほど、その場所に密着して個性を表現する樹木はないだろう。

桜は日本独自の花木のようにいわれているが、海外にも桜の花は存在する。しかし、日本ではソメイヨシノやヤマザクラなどよく知られたもの以外にも非常に多くの品種がつくり出されており、桜を愛《め》でるのは日本独自の風習である。とりわけ、日本全土にわたって桜の開花を追う「桜前線」がニュースとして連日報道されたり、あるいは「桜守」という桜の木を専門に世話をする職人がいるということなどは、桜に対する日本人の思いがどれほど色濃く、日本の自然への密着度がいかに深いものなのかを物語っている。

そして、桜という木は花だけが愛でられるのではない。樹皮は樺《かば》細工などに使われ、材木としては建築材に始まり、家具や額縁などにも広範に利用される。桜材が持つ、ピンク色の淡い質感は日本人の感性に似つかわしいものだ。さらには塩漬けにした花びらは祝いの席で飲まれるさくら湯として、葉は和菓子に使われる。ミザクラの花の後になる小さな赤い実はサクランボとして親しまれ、果実の中でも際立ったものになっている。いわば、桜はその木のすべてが珍重されるという愛すべき存在なのである。

しかしながら、往古、桜より珍重されたのは中国伝来の梅であった。奈良時代の万葉集では梅を詠んだ歌の方が多かった。それがやがて平安朝の古今和歌集や鎌倉時代の新古今和歌集などに至って、桜を詠んだ歌が増えてきたのである。日本人は、桜の花の盛りの美しさだけでなく、はかなく散るさまに「もののあはれ」を感じ取ってきたのだろう。「はかなくて過ぎにしかたを数ふれば、花に物思ふ春ぞ経にける」（式子内親王、「新古今和歌集」入集）。

さて、このように、日本における桜の存在は、自然との調和の象徴として、日本人の精神構造に深く刻印してきた。桜は、既に述べてきたように、われわれに多様な意味を与えてくれる稀有《けう》で、不思議な花木である。ソメイヨシノなどにみられるように、花だけが開き、それが散った後に、葉が芽生えてくることも何かしらの思いをかきたてもするのだろう。これほどに桜という存在は日本人に身近に寄り添い、生活の中に取り込まれてきた。ここに桜という木の不思議さがある。

海外でこれほどまでに多様に人と結び付く関係を持つ花木を見いだすことはできないのではないか。日本人の桜への思いは、富士山に対する思いと同様に、自然への強い信仰心のような一体感として表れている。

数ある花木の中でも、桜のように日本人の生活に密着し、意識、感性に深く分け入った花木はほかにはない。だからこそ、春という季節、そしてお花見に日本人の心性が象徴されているのだろう。

情報社会の中のＡＩ

２０２３年３月31日

ウクライナへのロシアの侵攻は、武力戦争にとどまらず、激しい情報戦争の様相をも呈している。その端的な事例が「武器を捨て、降伏しよう」と国民に呼びかけたゼレンスキー大統領の映像である。これはＡＩを使ったいわゆるディープフェイクによってつくられた偽の動画だった。

また、ツイッター社では、同社を買収したイーロン・マスク氏が成績の不振を理由に従業員の半数を解雇したが、中には誤った情報により解雇された者も含まれていたという。

ＳＮＳでもさまざまな情報が飛び交っている。最近騒ぎになったフィリピンからの指示による広域強盗事件では、メッセージが自動的に消去されるアプリが使われ、犯罪の証拠が消されていた。こうした痛ましい事件が日常的に起きることがデジタル社会の宿命なのだろうか。現代社会はそうした問題を規制し得るのだろうか。

デジタル社会において、人類はこれまでにない経験をしている。いままでのアナログ的な社会であれば、実際に対面してお互いが見える関係、あるいは電話であっても肉声が聞こえる関係が前提であり、相互の実在を確認するのは容易であった。

しかしながら、デジタル社会においては、情報が飛び交うサイバー空間は無限ともいえる広がりを獲得していて、相手の実在すら信頼することができなくなってしまったのである。サイバー空間を経由した情報は、どのようにでも編集が可能なテキストや音声、映像でしか確認できない。

本来、デジタル社会には、誰に対しても自由に開かれ、誰の参加も拒むことなく、世界に情報を発信できるという素晴らしい利点がある。その一方、上述のように誰もがいとも簡単に情報を操作することができる。その気になりさえすれば、フェイクや犯罪がまかり通る世界でもあるということになる。

ではＡＩが、それらをどのようにコントロールできるのだろうか。地上にいるのは善意に満ちた人間ばかりではあるまい。悪意に満ちた人間も無数に存在しているだろう。そうした時に使われるＡＩはどのような結果をもたらすか。現時点では、ＡＩが倫理観を身に付けることができるのかどうかは明らかでない。だからこそ、善意も悪意も持たないＡＩに何をさせるかは人間が決めなくてはならない。ＡＩがどれだけ真実を担保できるのかはわれわれ人間に課せられた課題でもある。

英国の数学者であるハンナ・フライ氏によれば、アルゴリズムの判断と人間のアナログ的判断の適切な組み合わせが判断の精度を高めるのだという。無論、そうした役割分担は簡単なことではないが、それでも人間の未来のためには追究していく必要がある。

社会で活動しているのはＡＩではなく、生身の人間である。人間が地球上から消えてなくならない限り、人間の持つアナログ的性質は失われることはない。信頼の核心はそこにしかない。しかし、人間とＡＩとの「良き共存」のあり方は、今後の極めて重要な課題になるだろう。

シンメトリーの探求
——美の本質を問う

2023年3月30日

プロポーションへの関心がある。美しくバランスのとれた建築への探求は、歴史を超えて変わることはない。ギリシャ的美の探求は黄金比などにも示されている。また古代ローマの建築家ウィトルウィウスは、著者『建築十書』の中で、建築を構成する三大要素は「用、強、美」であると述べている。比較的想像しやすい用や強に比べて、美という概念は極めて曖昧で、悩ましい問題であるが、いうまでもなく、美ほど建築のすべての領域に関わる問題はない。その中で、美の基本をなすともいわれる対称性、すなわちシンメトリーの問題について改めて取り上げてみたい。

『建築十書』の中には、人体の各部位の比率と対称性に関する考察がある。これを具体的な図として表現したもので最も知られているのが、ルネッサンス期のレオナルド・ダ・ヴィンチによる「ウィトルウィウス的人体」であろう。ダ・ヴィンチは人体の問題について、解剖学的にも考察しており、そうした考察の結果として、この有名な円環の中に描かれた両手を広げた人体の図を遺《のこ》したのである。この図は、そのバランスのとれた美しさから、「プロポーションの法則」(Canon of Proportions)としても知られるようになった。

その後、同時代の建築理論家チェーザレ・チェザリアーノが、それまでラテン語の版しかなかった『建築十書』を俗語(イタリア語)に訳した訳書などにも、同様の図が収録されることとなった。これらの図では、人体の各比率以上に、その左右均整のとれたシンメトリーに目がつく。それだけに、シンメトリーはさまざまな研究のテーマになってきた。

――秩序・美・完璧を生み出すための概念――

このように、歴史的に見てもシンメトリーという概念は、人類が美を生み出すために援用されてきたと考えられる。しかし実際にどれほどの確信をもって使われてきたのか、そして、どれくらい理解されてきたのであろうか。

ヘルマン・ワイル（1885―1955年）は、著書『シンメトリー』（冨永星訳、筑摩書房、2022年）の中で、シンメトリーは「長年人類が秩序を、美を、完璧を理解し、生み出すために使ってきた概念」だと述べている。また、紀元前4世紀につくられたギリシャの彫刻「祈る少年の像」を取り上げて、「シンメトリーに美的な価値があるのは、それが生命にとって大きな価値を持っているからなのか、と問うてみてもよい」としながら、それ以上に「数学的な概念こそが自然と芸術のシンメトリーに共通する源だ」と述べ、「自然を統べる数理法則こそが、自然のシンメトリーの源なのであり、創造性に富む芸術家の脳裏に浮かぶ着想の直感的な実現こそが、芸術におけるシンメトリーの源なのです」と語っている。自然の産物である人体の対称性が、歴史的にさまざまに考察され、芸術のモチーフとなってきたのも、こうした数学的な概念があるからということだろう。

――建築では安心や安定、時に権威をも表現――

ワイルが本の中で紹介した、オーストリアの美術史家、ダゴベルト・フライ（1883―

１９６２年）の見解が示しているように、シンメトリー自体は、左右が本質的に同じであることにより、安定感や秩序に加え、厳密な形式や制約、束縛を感じさせるものとなる。建築でのシンメトリーも同様に、安心、安定、さらには力強さ、そして、時には権威をも感じさせようという意図の下に援用される場合が多い。

とはいえ、シンメトリーが常に厳密に左右対称であるわけではない。さまざまな芸術作品において、シンメトリーの破れを見ることができる。シンメトリーの概念をあえて広げるなら、ワイルのいうように「釣り合いの取れたデザイン」という漠たる概念になるだろう。そう考えれば、自然界は必ずしも、常に完全なる左右のシンメトリーを重んじているわけではなく、現実には多くの逸脱から成り立っていることに思い当たる。人間の身体もシンメトリーではあるが、それは完璧なものではない。ワイルはそうしたシンメトリーのあり様を「平衡状態にはシンメトリーが似つかわしい」と述べている。それがシンメトリーの本質に近いものであろう。

ウィトルウィウスは、神殿建築は人体と同様に調和した存在であると述べ、その比率と対称性について論じた。その後、ル・コルビュジエ（１８８７―１９６５年）も、ダ・ヴィンチのあの図を踏まえ、数の比例関係によるモデュロールを考案して、人体を基準にして建築のモデュールを決めていくことを提案した。無論、これは均衡の問題であって、シンメトリーの問題ではないが、モデュロールが目指したのが、平衡的安定状態を生み出すことであることには変わりはない。それは先に述べたようにシンメトリーの本質であり、「釣り合いの取れたデザイン」を実現する試みに他ならない。言い換えれば、人体に対する考察は、自然の法則（原理）の考察につながり、そこで発見されるシンメトリーは、自然界の考察に基づいた数学や物理学、地質学、化学、さらには音楽や建築などの芸術など、さまざまな分野で考察され得る問題であることが分かる。

――建築という社会的存在の中心にあるもの――

われわれは地球上で生きている限りにおいて、重力から逃れることはできない。そのために建築は重力との戦いの上に成り立っているわけだが、それと同じようにシンメトリーも厳密なものから「釣り合いの取れたデザイン」に至るまで、また非対称（アシンメトリー）との関係も含めて、重力と同様に逃れることのできないプロポーションの問題として捉えることができるだろう。

そうしたプロポーションとシンメトリーの問題は、建築界にとってより深遠な課題として再考する必要があるように感じる。デジタルという数値化の波に洗われている建築界にとって、その問題はますます身近なものとなり、かつ精緻化していくことが求められ始めたといえるのではないだろうか。

生物の寿命は社会の物差し

2023年3月13日

世界の歩みは加速化しているのだろうか。歴史を振り返るまでもなく、速さは増し続けている。人間の移動時間を見れば明らかだ。例えば、新幹線や飛行機の目的地までの到達時間は恐るべきほどに短縮されている。スポーツ競技もその極致である。コンマ何秒を競い、時間の短縮に挑戦し続けている。そして、人類はいまだそうしたスピードへの挑戦を諦めることはない。

こうした人間のスピードへのこだわりは人間の性《さが》というべきものだが、スピードへのこだわりはどこまで人類に幸せを呼び込むことができるのだろうか。

コロナ禍が人類に与えた教訓の一つは、一度立ち止まってスピードに対するわれわれの志向を転換すること、すなわち自然のスピードを体内化するということである。もちろんすべての分野に対してではなく、われわれの生活や暮らしに直結する部分に対してである。その心は、「循環」というスピードであり、寿命による「循環」の摂理である。

それを端的に表す例は、建築でいうならば材料である。材料の寿命は自然や社会の循環に即したものである。石材などの場合は、半永久的といってもよいだろうが、木材の寿命を樹木の成長の期間に応じて決まると考えてみれば、材としての耐久性だけでなく、森林からの伐採サイクルを組み合わせた循環計画を立てることで、森の再生にも配慮した材料の供給システムを実現することができるだろう。鉄やアルミのような金属材料についても、鉱石などの原料から、精製を経て、製品に至る過程や、リサイクルの流れなどのサイクルを踏まえた循環の仕組みを考えることも可能なのではないか。そうした部品の持つサイクルとの連動を軸に循環システムの意味を考え直すことは、まさにいま問われていることではないだろうか。

一時期話題になった本川達雄氏の『ゾウの時間　ネズミの時間』（中央公論新社、1992年）という本がある。サイズが異なると俊敏さが異なり、寿命も異なる。ゾウの寿命は長く、ネズミの寿命は短いが、どちらも体感時間は同じであるという。つまり、ゾウの時間はゆっくり流れ、ネズミのそれは早く流れるということだ。

フランスの都市計画家ポール・ヴィリリオによれば、スピードこそ現代文明の産物だという。その説に従えば、現代人は増し続けるスピードからは逃れることはできないということかもしれない。しかし、際限ないスピードへの邁進は果たして人類の目標なのか。本来なら、われわれもその一員である生物の成長を基準として考えてもよいのではないだろうか。もちろん、人工的に促成栽培するケースもあり得るが、それにも限界はある。それが生命の持つ限界であり、まさに生命の寿命が示す意味である。

その意味で、スピードとは生命の寿命に関連しているという認識が必要なのではないか。無論、現在の科学が高度な技術革新を引き起こしていることも考慮する必要はある。しかしそれは無際限な追究を許すものではないだろう。有限性こそが生命の意味であることを忘れてはならない。

再生文化への期待

2023年3月1日

人口減少と高齢化の波を受け、成熟社会を迎えた日本の都市や建築の再生事業に暗雲が漂い始めている。

高度成長期に完成した都市施設の老朽化は、道路などのインフラにとどまらない。多くの公共施設でも、構造的な耐震性の問題のほかに機能劣化も進んでいる。つまり、社会環境の大きな変化に施設の機能が付いていけない状況が起こっているのである。例えば、デジタル社会に対応する機能性が必要になる一方で、高齢者などに対して求められるのは、いわばデジタルと背反するアナログ的な対応であることなどだ。

こうした問題の原因はどこにあるのだろうか。それは近代建築の歩みの中にあるのではないか。すなわち、近代合理主義に基づいた建築のあり方に問題があったということだ。近代社会においては、多くの市民の幸せや健康のために、さまざまな製品やサービスを、安価で大量に効率よく提供できる体制が求められてきた。そうした要望に応えるために、製品やサービスが画一化されてきた歴史がある。そして、近代建築も同様の目的に奉仕することとなったわけである。メンテナンスのしやすい合理的な形態、あるいは設備機器による均質な温度や照度を実現するために、さまざまな物資の供給生産体制に見合った建築を生み出すという、いわば市場社会からの要請を反映した建築が出現した。

そのために、短命で一定のサイクルで建て替えられる建築こそが、市場社会からも歓迎されたのである。

しかしながら、21世紀に入り、デジタル化や高齢化など、過去にはない成熟社会を迎えた日本の状況においては、これまでの近代建築のあり様をそのまま引き継げる状況にはないことが明白になって、その対応に追われ出したということだ。

建築としての機能や使われ方の変化に加え、使う人の感覚的な変化など、多岐にわたる変化を受け入れる体制はもちろんだが、それ以前に、現在は何をどのように変えるべきかさえ理解されていないように思えるのは筆者だけではあるまい。

デジタル化を反映した建築のあり様については、市場も動き出し、活況を呈してはいる。しかしながら、建築の長寿命化と、それに必要な資材や設備機器の耐久性向上、そして、それ以上に「空間としての質」に対する感覚の変化とのギャップは解消されていない。現代は、かつての工業化時代のように、画一的な物質的充足感を満足させる時代ではなくなっている。そうした時代に生きている実感を捉える感性の問題だと考えているが、それが正解であるかは読者の皆さんの考えを伺いたい。

既に述べたように、成熟社会の中でのデジタル化は、社会を激変させたといってもよいほどであるが、そうした状況において、高齢者を含めた人間同士のつながりが置き去りにされてはいないだろうか。デジタル環境の整備に加えて、肌触りや人の温もりのある環境の整備も両立させなければならないだろう。

そして、その指針が、いわば再生文化の形を決めることになるのである。

スマート・エコ・シティー
――アフリカの発展と援助という現実

2023年2月9日

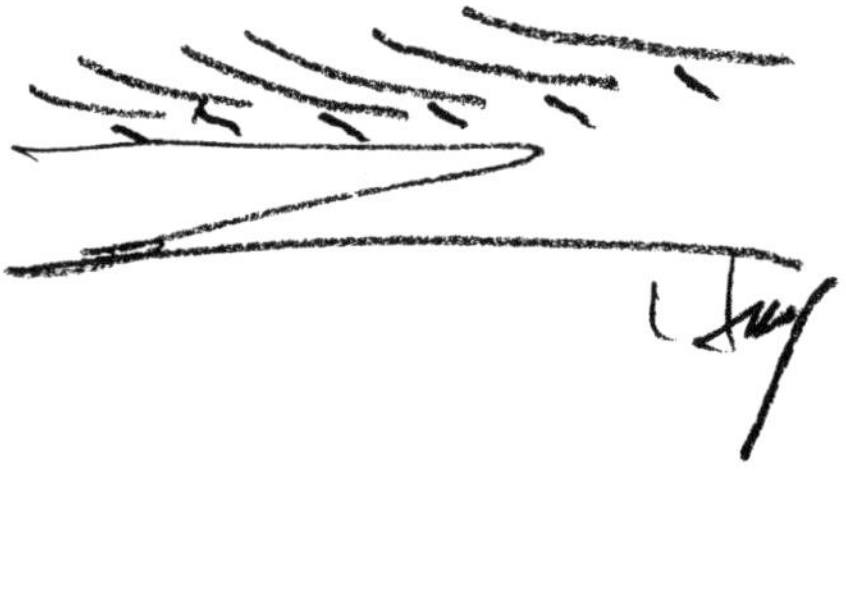

日本の人口は減少の一途をたどりつつある。一方で、世界の人口は2022年末で80億人に達している。

先進国は人口が減少する傾向にある一方で、途上国といわれる国々は人口が増大する傾向にある。誤解を恐れずにいえば、文明の構造が西欧型からインド・アフリカ型へと変わり始めているといってもよいだろう。この図式をアジアに当てはめてみれば、日本の傾向に顕著に見ることができる。例えば、戦後の急激な人口増加と経済発展、そして現在の人口減少と経済的な閉塞感に表れている。

その間隙を縫うように、中国の人口が増え、驚異的な発展を遂げたが、既に話題になっているように61年ぶりに人口が減少し、経済的に陰りも見えつつある。そして次に台頭するといわれているのがインドである。現在、インドの人口は14億人で、既に中国を抜いたとの観測もあり、２０５０年には16億人に達すると予測されている。

――２１００年の人口39億に／世界の動向を左右――

しかしながら、人口増大が最も顕著であるのがアフリカ諸国である。現在のアフリカ全土の人口は、中印とほぼ同じ14億人だが、２０５０年には24億人、２１００年には39億人という驚くべき人口の拡大が予測されている。そうなれば、世界人口の40％弱を占めることになり、今世紀後半にはアフリカ諸国の存在が世界の動向を左右することになるだろう。

こうした世界の人口構成から明らかになることは、西洋諸国の後退とアフリカ諸国の爆発的拡大である。それは同時にアフリカ諸国の都市の成長であり、経済的発展を意味することになるのだ。

ただ、現在のアフリカの都市を巡る状況は、そうした予測を裏付けるようには思えない。もちろん、経済発展とともに都市は爆発的に膨張しているが、その姿はかつて西洋諸国が歩んできた道のりをたどっているようにしか見えない。いわば西洋諸国の亜流やミニチュアのようなもので、先進国と同じ道のりを歩もうとしているように見えるのである。しかも、発展の速度が速いため、多くの歪みが解決されないまま残されているのだ。例えば、インフラの整備不足や環境への配慮のなさである。経済発展を優先するあまり、先進国の過ちまでをも繰り返してしまうのだろうか。

さて、2022年の11月15日から17日までスペイン・バルセロナで開催された「スマート・シティー・エキスポ・ワールド・コングレス」（SCEWC）は、先進国が過去の反省を含めて、未来の都市環境の姿を示唆する格好のイベントであった。

先進国の多くが既に高齢化と人口減少にある中、アフリカ諸国は、その真逆な人口爆発と都市環境の変化に直面しつつある。イベントは都市開発のあるべき姿の一つとしてスマートシティーをテーマに、社会課題の解決を目指す企業や団体が集まって開催されるものである。日本からの参加も含め、世界130カ国以上、700都市が参加した。コングレスでは、「実現可能な技術」「エネルギーと環境」「モビリティー」「ガバナンス」「生活への実装」「経済」

「インフラと建設」「安全とセキュリティー」という八つのテーマが設定され、先進事例の紹介をはじめとして活発な議論が行われた。

――極端な社会的格差／ビジョンなき発展――

こうしたイベントは、先進国の反省として、いま取り組むべきテーマを掲げていたように思える。それ自体は評価すべきことだが、ロシアのウクライナ侵攻に対する各国の対応を見る限り、容易ならざる現実があることを忘れることはできないだろう。そして深刻なのはアフリカ諸国が直面する現実である。これらの国々が、これから向かうべき発展の姿はどのようになるのだろうか。

アフリカ諸国は、西欧列強の支配の下、資源や労働力が搾取されるばかりであった。多数の国が独立を遂げた後も、民族紛争や内戦、独裁政治が依然として猛威を振るっている。近年では、発展の援助と引き換えに豊富な地下資源の獲得を狙う中国をはじめとする各国の標的になっており、他者による支配の傾向は続いている。

そうした状況の中でも、人口は爆発的に増加の一途をたどり始めている。ここで問題なのは、極端な社会的格差である。サブサハラアフリカ（サハラ砂漠以南）では人口の約40％が貧困層とされる一方で、ナイジェリアでは「西アフリカにドバイをつくる」ともいわれる大規模開発が進み、ケニア・ナイロビ～モンバサ間にはナイロビ新幹線が開通するなど、世界の最先端を走るプロジェクトが現実となりつつある。実際に、アフリカ全体の経済規模は、既にＧＤＰ（国内総生産）が２００兆円を超えるまでに成長している。しかし、そうした一部の発展を除いて、国家として都市計画のビジョンが描かれぬままに、国際援助により都市形成されていくという「歪んだ発展」ともいえる状況で今日を迎えている。あたかも、先進国が生み出してきた格差社会のあり様をそのままたどっているかのようである。

――インフラ整備が課題／なお続く収奪の標的――

そこでの最大の課題は、都市施設の根幹をなすインフラ整備である。上下水道や道路は無論のこと、発電施設や送電システム、河川などの治水事業、さらには都市活動に不可欠な公共施設などが挙げられよう。こうした整備を行うためには、行政が適切に機能することが先行する必要があるが、そうした機能が追い付いていないのが現状である。

さらにその先にあるのが地球環境問題であるが、そこに到達するまでには、さらに通らねばならない過程が残されている。

世界人口の40％を占めようとしているアフリカの未来を看過して、先進国だけでの議論は通用しない。アフリカは、かつて西欧諸国の発展の踏み台にされてきたという歴史がある。それはいまだ解消されていない。いまなお、援助という形をとった収奪の標的となり、それはごく一部の発展と大多数の貧困という大きな歪みの原因ともなっている。先進国のエゴが、アフリカの発展を象徴する都市の姿に映し出されているのだ。アフリカ問題は、まさに先進国の課題なのである。

DXサービス時代の利便性

2023年2月7日

シームレスにつながるデジタル・サービスによる利便性が生活のあり方を変え始めている。外出先から自宅の電化製品のスイッチを操作することは、もはや日常的なことになった。タクシーも配車アプリを利用すれば、居ながらにして呼ぶことができる。

今後は、交通手段の利用についても大きく変わり、異なる交通手段への乗り継ぎなどがさらに便利になると期待されている。シームレスにつながることへの利便性である。

既に国際金融取引などは、データ交換だけであらゆるサービスが可能となり、もはや現金が動くことなく取引が成り立っている。

その一方、深刻な問題も浮上している。例えば、仮想通貨はサイバー攻撃の餌食になりつつある。仮想通貨はどの国の通貨にも交換可能で、世界のあらゆる経済圏でも通用するからだ。そうした犯罪が負の連鎖を生み出している。

こうした負の側面を見ると、ＤＸ社会における利便性の飽くなき向上は、果たして人類の生活を豊かにするものなのかという気持ちになる。利用者にとってシームレスなサービスは都合がいいことではある。しかしながら、そうしたサービス・利便性が身の回りのすべてを覆いつくすようになったら、われわれの生活はどうなるのか。デジタル社会によって生み出される切れ目のない世界（環境・社会）に生きることの意味が問われるのではないか。

人間社会は適度な利便性だけではなく、無駄や余裕があって成り立っている。われわれの活動には、スムーズにつながる合理性が求められる一方で、つなぎ目に生まれる時間や空間にこそわれわれは意味を見いだし、精神的な豊かさを汲み取る。チャップリンの映画『モダン・タイムス』（１９３６年）の中でも、機械的な連続作業は人間のやるべきではない仕事として描かれていた。

いま、人間の働く環境や生活環境について、機能的合理性だけに基づいた世界像ではない、リダンダンシー（冗長性）を取り入れた環境のつくり方が求められている。余暇の充実、趣味のすすめなどがいわれているが、社会そのものが多様性を受け入れた姿に変貌し始めているのである。例えば、ワーク・ライフ・バランスやワーケーションという言葉などは、それらを言い表している。

20世紀初めにル・コルビュジエなどが提唱した都市や建築の機能的な分離は、いまや適切だとはいえないだろう。ヒトの生活領域を住むところ、働くところ、余暇するところなどと明確に分離することは、むしろ社会活動を弱めることになるといわれている。それらが相互に入れ子になり、さまざまな領域が混ざり合うことによって、新たな都市の可能性と魅力が生み出される。そして、それらをつなぐ領域、いわば隙間こそが話題になることについて改めて考えたい。

機能の分離とシームレスなつながり、そのどちらにも問題があるように思われる。むしろ「豊かさを産み出す隙間のある社会」こそが、われわれが目指すべき方向ではないだろうか。

失われたリアリティーの回復

2023年2月2日

グローバリズムが危機に瀕している。20世紀の末期から、グローバル社会に対する期待が抱かれていた。もちろん、ローカルな場の重要性が失われるわけではないが、経済的には、世界各地の拠点が連携して機能するという期待であった。例えば、製品の生産拠点が分散し、サプライチェーン・システムによりネットワーク機能が稼働していた。

しかしながら、折からの新型コロナウイルス感染症の蔓延に加え、2022年2月に始まったロシアによるウクライナ侵攻により、グローバリズムの動きが停滞することになった。日本を含む欧米諸国がロシアに対し、金融取引や物資の流通など多くの分野で経済制裁を行い、世界の流通網に大きなダメージを与えることになった。単にロシアと相手国だけの問題ではなく、まさにグローバル社会の停滞を引き起こすことになったのである。

また、ＥＵ（欧州連合）も同様に各国相互の連携を強めようとする試みであったが、20年1月に英国がＥＵを離脱したことにより、欧州統合の夢も長くは続かず、異なるシステムを持つ国々の統合の難しさを露呈することとなった。

こうした大きな事件を見るにつけ、地域を越え、国をまたいで構築されたシステムが重要性のみならず、その脆弱《ぜいじゃく》さを痛感させられる。グローバルなシステムの崩壊は、世界を巻き込み、市民生活に直結する。ウクライナ国民の「奪還しても、戻らぬ日常」の言葉だけが空しく響く。

そこで、いまこそ目を向けるべきは「身近にある現実」の放置に対してであろう。ＥＵ離脱によって英国国民が受けた困惑や損失、また、いまなお続く侵攻によってウクライナ国民の一人ひとりが被る苦難、そうした悲劇に対する叫びに、どこまで国家の大義が届くのだろうか。世界の正義や秩序といった大きな世界観がどこまで市民一人ひとりの問題、すなわち「生きることへのリアリティー」に応えることになっているのだろうか。

いま、地に足の着いた身近なリアリティーを体感することが求められているのではないか。地球規模で物事を考える時代にあって、グローバリズムという大義を捨て去ることはできないが、一方では、その大義が求める将来像と、現実との乖離《かいり》が問題になり始めているようにも感じる。身近な関係や、ものとのつながりが体感できて、初めて大義が見えてくる。建築でいえば、ディテールや素材感ということになろうか。

とはいえ、こうした身近なリアリティーの獲得は、単にそれだけでは真の意義を持つことにはならないはずだ。対極に、大義やビジョンという大きな理念的な世界があってこそ、小さなリアリティーが体感できるようになるからである。そして、大きな理念的な世界は机上での理論になりがちで、そこには「もろさ」や「粗さ」が内在している。小さなリアリティーには「生身の強さ」がある。この両者をさらに広い枠組みの中で相関させることこそが、グローバル社会に対する本来の期待のあり様だったはずである。

The latter half of 2022

2022年後半

Chapter 2

境界・共生という仕切り方＝都市・経済

2022年12月26日

世界中で国家という枠組みのあり方でさまざまな相互依存や分断化が起こり、激しく揺れ動いている。ロシアのウクライナ侵攻は、一見、領土問題のようであるが、内実は新たな世界戦略に絡んだ問題なのである。新たな経済圏の中で境界をどのように規定していくのか、デジタル・ネット社会が生み出すグローバリゼーションの中で、物理的、地理的な境界を越える、さらに複雑な境界が問題となっているのである。その認識がなければ、世界の構図を読み解くことはできない。

まず問題となるのは、自然環境と都市や建築との境界論であろう。都市の近代化において主張されたのは、都市を人工的な存在として捉え、そこに人間の生活や活動に適した場を生み出すことであった。都市や建築といった高度に発達した人工環境こそが人間にとってふさわしいものだと考えられたのである。

いわば人間中心主義的な進歩・進化という概念に、都市活動も追随し、機能性や利便性が優先された結果、自然は排除されてきたといえる。近代思想が、まさに今日の気候温暖化やCO_2の過剰な発生を生み出す元凶になってしまったのである。

日本では20世紀後半から、定型化していた建築の機能的分類という枠組みを見直そうとする機運が生まれた。そもそも人間の活動は曖昧なもので、そうした活動に建築の機能分化を一律に当てはめることはできないということに気付いたのである。

こうした一連の機能主義に対する懐疑が唱えられた当時、黒川紀章などの建築家たちは、日本建築が持つ境界の曖昧さ、例えば縁側や障子、襖などにより境界をつくりながら、領域自体は融通無碍《ゆうずうむげ》につながることを指摘した。それは当然ながら、自然とのつながりをも意味し、周辺環境が建築のあり方を方向付けているということの理解でもあった。共生という言葉を建築の世界に持ち込んだのは黒川であったが、建築がひしめく現代の高密度化された都市空間において、自然との共生についてどれほどの具体的世界を描いていたのかは、いまにして思えば疑問が残る。

一方の一般社会においては、高密度化した都市と自然との境界について、さほど関心が高まることはなかった。高度成長期以降の都市部の再開発においても、そうした議論が交わされたのかは疑わしいものがあったと思う。

しかしながら、いまや、デジタル化、グローバル化の波により世界は激変し、さまざまな境界のあり様も大きく変わってきた。境界の変容が、国家という概念や領域をも超える状況にある中で、それは都市のあり様にも大きく波及することになる。都市の活動の中でも、とりわけ経済活動は、グローバル化により過去の境界にとらわれることのない拡大と猛進の道を突き進むことになったが、それこそが地球温暖化の主な原因であることに、社会はようやく気付き始めた。

もう一度、黒川の言葉に立ち返り、境界のあり様を再考して、人間と自然の共生を真剣に考えるべき時が来たのではないだろうか。

都市空間の変容と都市災害

2022年12月16日

都市のあり様が問われている。産業構造の変化に伴う都市の再編に加え、ＤＸ（デジタルトランスフォーメーション）やＳＮＳ（ソーシャル・ネットワーキング・サービス）など、さまざまな要因によるものだが、昨今の経済インフレに対する危機感もその遠因であろう。同時に新型コロナウイルスの問題もある。過去に経験したことがない、これらの複合的な要因で都市は混乱し、秩序の回復が求められているのである。

先日、韓国・ソウルの梨泰院（イテウォン）で１５０人以上が亡くなる群衆事故が起きた。現場は大通りから横丁のように折れた、道路幅わずか3・2メートルほどの坂道だという。ここに想定外の人出が集中し、多くの人が身動きの取れない状態の中でドミノ倒しになり、死傷者が多く出たという悲劇である。

この事故に対して韓国警察庁特別捜査本部は、地元区長や警察幹部・担当部局などに対し責任を追及している。また、犯人探しも始まり、誰が群衆雪崩を引き起こしたのか、さまざまな憶測が乱れ飛んでいるという。

無論、こうした都市における人的災害は、いまに始まったことではない。過去には日本でも同様の群衆事故は起きている。一方、今回の事故の原因として、都市の高密度化と人口集中が挙げられるが、単にそれだけが問題ではないことに注目しなければならない。いまやエンターテインメントに限らず、話題となる出来事はグローバル化し、ＳＮＳのようなネット空間を通じて広く拡散することで、さらなる話題を呼ぶような状況になる。それがハロウィーンのような人気のあるイベントともなれば、さらに多くの人が集まるという事態は起こって当然である。スポーツ競技などでも同様なことは日常的に起こり得る。問題は、こうした社会の変化に対し、受容体としての都市の機能が遊離し始めている事態に誰も気付いていないことだ。

そうした都市のあり様を差し置いて、人の交流や活動の形は、グローバル化した社会の変化に連動して、驚くべき変化を遂げているのである。話題となるイベントに多くの人が集まることは過去にもあったが、現代社会、なかんずくネット社会におけるそれは、もはやスケールの点においても、情報伝達の点においても、過去の状況をはるかに凌駕《りょうが》しつつある。そうした状況に対して、都市の物理的な受容がまったく追い付いていないのである。都市空間がアナログ時代のままでは、デジタル・情報社会の都市活動を受け入れられなくなる場面が発生するのはいうまでもない。SNSにより都市活動の情報の幅広い入手が可能になれば、適切な都市運営にも活用できるはずだ。

現代社会の変容は、いわば都市空間の変容でもある。しかしながら、行政の都市運営に対する自覚の欠如や意識感覚の遅れのような、社会と都市のあり様の間にある大きなズレがまだ解消されていない。警備体制の不備を批判したところで、何の問題解決にもならない。都市の変容とは、単に物理的空間のことだけではない。現代の社会にふさわしい都市の運営を含めた問題なのである。

建築の自由度と個人の生活スタイル

2022年12月5日

建築のあり様が変わり始めている。それは何よりも近年の環境問題と省エネルギーへの関心の高さに起因するものである。エネルギー危機への関心が、日本のみならず世界的に高まっていることを受けて、１９７９年に制定された省エネ法（エネルギーの使用の合理化等に関する法律）に続き、建築への省エネ効果の積極的導入を図る目的で、２０１５年には建築物省エネ法（建築物のエネルギー消費性能の向上に関する法律）が新たに制定された。省エネ法は、時代の変化に合わせて幾度となく改正されてきたが、建築物省エネ法も19年の改正に続き、22年夏、同法を含む脱炭素関連法案の可決によって改正され、25年までに施行が予定されている。

このような書き出しで始めたのは、今回の法改正は建築の本質的問題に触れるものだと考えるからである。

いうまでもないことだが、エネルギー問題は、人類の存亡にも関わる極めて重大な問題である。地球の限りある資源の石油や石炭、そして天然ガスなどから生み出されるエネルギーのあり方が問われ始めているということだ。

建築の分野においても、エネルギー消費を軽減することが重要であることは当然である。そのために、壁や屋根の断熱性能を高める、窓などの開口部を少なくする、また、太陽光パネルなどの再生エネルギーを積極的に採用することなどがうたわれ始めたのである。

ところで、近代建築における最も重要な概念は「自由な平面」と「自由な立面」であろう。これはいうまでもなく、ル・コルビュジエがドミノ・システムと近代建築の五原則の中で提唱したものである。そして、これこそが世界中の多種多様な建築の中で、本質を突くものだと考える。端的にいえば、建築は平面と断面と立面によって決まるからである。中でも建築家が心血を注ぐのが、都市に向かう建築の表情、すなわち立面であろう。

たしかに、壁の断熱性能を高め、同時に窓を小さくすれば、建築物自体のエネルギー消費量は低減される。しかしながら全体的なエネルギー消費量は、そこでの過ごし方、暮らし方によっても大きく変わる。快適で便利な生活を続ければ、エネルギーは浪費される一方だろう。そうした放蕩《ほうとう》的な生活を見直すことが、現代文明を再考する、ということではないだろうか。これは、環境問題について建築の分野に触れる前に、人間自らが生活様式や活動のあり方を省みる必要があるのではないかという一つの問題提起である。

多少暑くても、窓の大きな家に住みたいという人もいるだろう。また寒い時は衣服を重ね着したり、居室を限定して使用するなど、さまざまな使い方を考え、試しながら暮らすことが「住まう」ということだと筆者は考えている。法的な規制により一律に、とりわけ個人の住宅を縛ることは人の自由を侵害することにもなる。建築、特に住宅は、単なる住むための道具ではない。精神を充足させ、心を満たす場である。そのための内部空間を決定付ける自由な立面や窓の存在は建築の大きなテーマである。住む人の自由は建築の自由につながっている。

グローバリズムと環境破壊

2022年11月28日

グローバリズムのあり方が問われている。経済の混乱や食糧問題により、世界のさまざまな食糧・物資の供給システムが機能を失い、アフリカの一部の地域などでは餓死者が出るなどしている。世界が一丸となって、さまざまな問題を共有し、生きる手立てを模索するという意味で歓迎されてきたグローバリズムはどこかに行ってしまったかのようだ。

ロシアによるウクライナ侵攻は、いまや当事者だけの問題ではなく、世界各国の代理戦争の様相を呈している。グローバリズムの中で、ウクライノ、ロシアに対するＥＵ（欧州連合）、そして米国の利害による対立が、まさにこの戦争を引き起こしているのだが、各国は、自国の利害と立場を第一に考え、傍観と支援という相反する行動をとることで、結果的に戦争に参加しているといっても過言ではない状況である。世界の主要国が関わっても停戦すらできない現実。

多くの人命が失われ、都市が破壊されただけでなく、兵器がまさに環境を壊滅的に破壊している。究極の環境破壊である。

いまや世界の合言葉になっている「SDGs」（持続可能な開発目標）はどこにいったのだろうか。気候変動の主原因であるCO_2の爆撃による大量発生、そして化学兵器による大気汚染など、都市施設の破壊はそのまま環境の破壊につながる。さらにEU諸国はロシアからの天然ガス供給が制限され始めたことにより、石炭火力発電の拡大に舵を切らざるを得ないという事態に陥っている。一国の無謀な侵略は、環境に対する世界各国のさまざまな取り組みと、まさに逆行する環境破壊を引き起こしているのである。

しかしながら、こうした事態に対し、欧州復興開発銀行（EBRD）などが、破壊されたインフラの再建や開発に乗り出すなど、民間レベルでの動きはあるものの、世界各国の政府レベルでの動きは見えてこない。各国の利害や思惑がグローバリゼーションを推進させてきた一方で、傍観を決め込む原因ともなる。グローバリゼーションの理想やテーマはどこにいったのか。米国やEUの主要国によるウクライナへの武器供与は、いたずらに戦火の拡大に拍車をかけるばかりだ。状況は、環境問題を一層重苦しいものにしているのである。究極の破壊の現実に何を考えるべきなのか。

こうした破壊行為が続けば、世界の共通認識にもなりつつあった、脱炭素をはじめとする気候変動に対する世界各国の取り組みにも大きな影響があるだろう。安全保障を優先するために、環境政策を放棄する国も出てくるのではないか。それが究極まで行けば「核の存在」になるということだろうか。

いずれにせよ、一つの国の身勝手な横暴ぶりを目にして、他の国々が拱手《きょうしゅ》傍観《ぼうかん》している様子は、自国の安全という大義があるとはいえ、異常にも思える。国連による調停も功を奏していないという状況を見るにつけ、グローバリゼーションが描いてきた理想がもろくも崩れ去ろうとしているのではないかという気になる。国と国の間の信頼関係はどうなるのだろうか。人間の理性が歪められた時、世界に秩序はなくなるだろう。

ＣＯＰ27の課題

2022年11月18日

本稿で何度か気候変動の現実について述べてきたが、エジプトのシャルム・エル・シェイクで開催された国連気候変動枠組条約第27回締約国会議（ＣＯＰ27）でグテーレス事務総長から「気候連帯協定」案が提案された。もはや気候変動による異常気象は、世界に深刻な現実を突きつけている。２０２１年のＣＯＰ26ではパリ協定に関して各国の合意が進められてきたが、目標の達成は極めて困難であることが分かってきた。近年、干ばつや山火事、大洪水など、世界中から悲劇的報道が増えている。とりわけ海面上昇は、居住地を消失させるほどの深刻な事態を引き起こしている。キリバスなどの島国では島全体が海面下に沈む恐れがあるという。今世紀末には日本の海岸部や低地でも深刻な水没が予測されている。

こうした事態に対し、CO_2の排出量が多い先進国が、その被害を受ける途上国を支援する「損失と被害」が初めて正式な議題になったのは一つの進歩ではある。しかしながら、それが単なる掛け声だけに終わることが懸念されている。

先進国が途上国に被害の損失補償を行うことは一見合理的で、正論のようではあるが、ＣＯＰ26の合意すらも担保できない現状では、先進国の合意など信用できないと見なされているということだ。

さらに、先進諸国は現在、戦争という最も気候を害する状況を生み出しているのも事実である。ウクライナを舞台にロシアが繰り広げる戦闘によって都市が破壊されているばかりでなく、双方の国を米国やＥＵ諸国、中国などがそれぞれ支援することで、気候変動をさらに加速させる結果となっている。

それならば、まずロシアのウクライナへの侵攻を、世界が一丸となって早期に終結させなければならない。それなくして、気候変動に対して誰も責任を負うことなどできないからだ。そして戦争が終結した暁には、世界がウクライナの都市復興に全面的に協力し、気候に影響を与えない「新しい未来型都市」の建設に向け、各国が貢献してもらいたい。

例えば、CO_2などの温室効果ガスを極力排出しないことだけでなく、CO_2を吸着する効果の高い豊かな緑や水と共生する都市の姿である。先進国の「償い」とは、そうした努力、すなわち、まず戦争を終結させる責務を果たすことであり、気候変動の原因とならない美しい復興都市となる「未来型都市」のモデルを世界に発信するために、率先して資金提供とソフト・ハードの両面からの技術協力をすることではないだろうか。

筆者はグローバリズムの危機について幾度となく述べてきたが、自国ファーストという考え方が世界的に広まりつつある昨今だからこそ、世界がいかに協力して地球環境を考えることができるかを自覚的に意識する必要がある。そうした意識を持つことができなければ、もはや温暖化ガス削減などできるはずはない。

ウクライナの現状を現代の最大の課題として、それを世界共通の贖罪《しょくざい》のシンボルとして、歴史を引き継ぎつつ、美しく、新しい「未来型都市」の実現を目指すことを望みたい。

試される民主主義と建築（上）

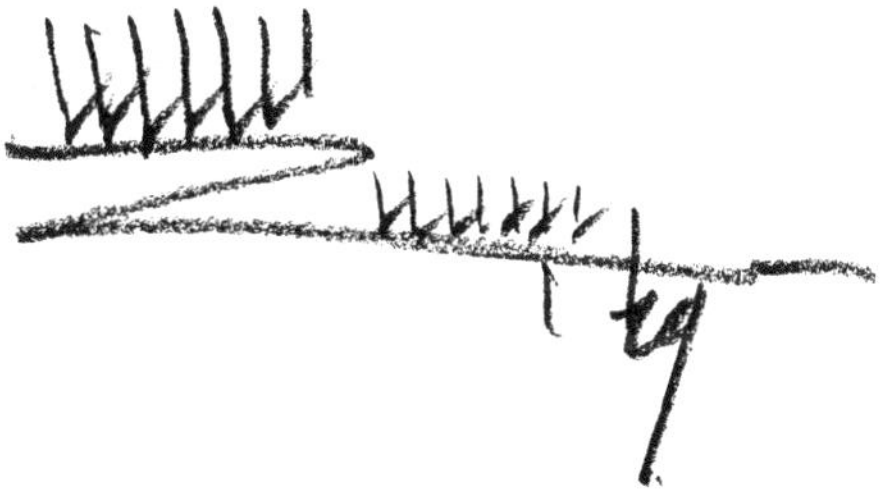

2022年11月17日

２０２２年９月15日、世界保健機関（ＷＨＯ）のテドロス事務局長は、新型コロナウイルス感染症の世界的な流行について「終わりが視野に入ってきた」と発言したことが報じられた。しかしながら、日本をはじめとする各国では感染者の数は減少しつつあるものの、いまだ収束の見通しが立ったといえる状況にはない。

いずれにしても、このような発言が出る背景として、ワクチンの接種が広まったことが大きく影響していると思われるが、世界各国の接種率を見る限りでは、世界の隅々にまでその救いが届いているわけではないことがよく分かる。すなわち、ワクチンによる格差問題という現実が示されたのである。経済的優位に立つ国が自国ファーストの政策を進めながら、同時に途上国への支援を優越感も露わに、声高らかに述べる。そうした高慢な国の姿が見られるのが現在の世界の政治なのである。まさにワクチン外交ともいわれる所以《ゆえん》である。

本来ならば、ワクチンとは関係なく、格差をなくす努力をすべきであるが、成果を示しやすいことから、このような形での「支援」ばかりが優先されることになるのであろう。不思議なことに、そうした高慢なやり方を進める国々の多くが、自らの国こそ民主主義国家の代表であると主張している。では民主主義とは一体何なのだろうか。民主主義の何かがここに見え隠れしているように思う。

例えば中国では、多くの国民は自らの国を、民主主義を体現する国として認識しているのだという。共産党による一党独裁体制はともかくとしても、驚異的な近年の経済成長により急速に豊かになったことが、そうした認識を生み出したのであろうか。経済的豊かさがイデオロギーに対してどれほど優位にあるのか。民主主義の本質は容易に見通せるものではないとしても、こうした例を見るにつけ、その難しさを認識させられる。

対する米国は、世界有数の民主主義国家であり、いうまでもなくそれを自認している国である。未知の国を開拓し、数々の障壁を乗り越えてきた、まさにフロンティア精神が育まれた国として、才能さえあれば生まれにかかわらず正当に評価されるという公平平等な精神が根付いているといわれる。

しかし実際には、現在でも白人主義が深く根付いたままで、有色人種は差別され、経済格差も大きいという現実がある。そうした米国の根深い病理は、例えばトランプ前大統領の発言や行動に端を発して、米国を分断するほどの事態となった状況に見ることができる。

もちろん、それでも一人ひとりに多様な価値観があることを尊重する社会があり、出自にかかわらず、誰にでも挑戦の機会が与えられている米国は、世界をリードする民主主義国家といえる。全体主義的な国家が標榜する「民主主義」と、民主主義を自認する国の「民主主義」の違いとは何か。こうした現実を見るまでもなく、「民主主義」への向き合い方は一様ではないことが分かる。

――経済的格差を乗り越えて――

それだけに、「民主的な」国家という存在を通して民主主義とは何かを問うことの難しさがある。既に述べたように、民主主義を単なる専制主義との対比で捉えることはできない。さらにいえば、民意の偏りが時には国民間の分断をあおり、社会の内に対立を生み出し、さまざまな混乱を引き起こすこともあるからだ。

ただし、経済的な豊かさを多くの国民が享受できるようになれば、劣悪な環境や貧困に起因する不満が和らぎ、極端な民意の偏りは是正されると考えられる。貧困は人間の生存に大きく関わる問題であるだけに、経済問題はレベルの差はあれ、人類の、そして社会の基本的問題であることには変わりない。

経済的豊かさを享受し始めた「多くの人」がいること、そして格差が小さくなることは、民主主義が抱える問題を解決する一つの手がかりともいえる。しかしながら、経済指標だけでは根本的な問題を解消することはできないだろう。さまざまな価値観を持った社会が存在し、その社会それぞれに「民主主義」が存在することを考えなければ意味はないからである。さらには、いま世界を支配する近代資本主義という経済システムの矛盾を乗り越えることができないという葛藤もある。

―「相互的寛容心」「自制心」を持つ―

ここで、改めて経済的な豊かさだけで民主的な状態をつくり出すことができるわけではないということが、実は民主主義の最も大切な根幹であることを指摘しておきたい。現代の傲慢な資本主義のあり方と、ドイツの社会学者マックス・ウェーバーが指摘した禁欲的な倫理観を伴った初期の資本主義との矛盾をしっかりと読み解く必要がある。

そうした民主主義のあり方について、米国ハーバード大のスティーブン・レビツキー教授とダニエル・ジブラット教授による『民主主義の死に方』（濱野大道訳、新潮社、2018年）は大変参考になると同時に、極めて勇気付けられた本であった。著者たちは、米国をはじめさまざまな事例を取り上げながら「民主主義はいかに脆弱であるか」を指摘し、「民主主義の規範を取り戻すだけではなく、ますます多様化する社会全体にそのような規範を行き渡らせなくてはならない。これは、じつに手ごわい挑戦だ」としながらも、民主主義に大きな期待を示している。それはまさに広い意味での政治が果たすべき課題である。

著者たちがいう、民主主義に求められる基本は「柔らかなガードレール」の下に二つの心、すなわち「相互的寛容心」と「自制心」を持つことであり、対立相手は敵ではないという心を持つことであるという姿勢である。

――調停する説得力と熟議の政治が重要――

現代社会は、多様性を認め、多くの複雑さを内包する社会であることが問われてくる。ただし、そうした社会を成立させるためだとしても、数の論理を優先し、少数意見を力で抑えつければ専制である。それを「調停する説得力」として機能するのが政治の力である。そして、政治においては「熟議」という言葉が重要になると考えている。

試される民主主義と建築(下)

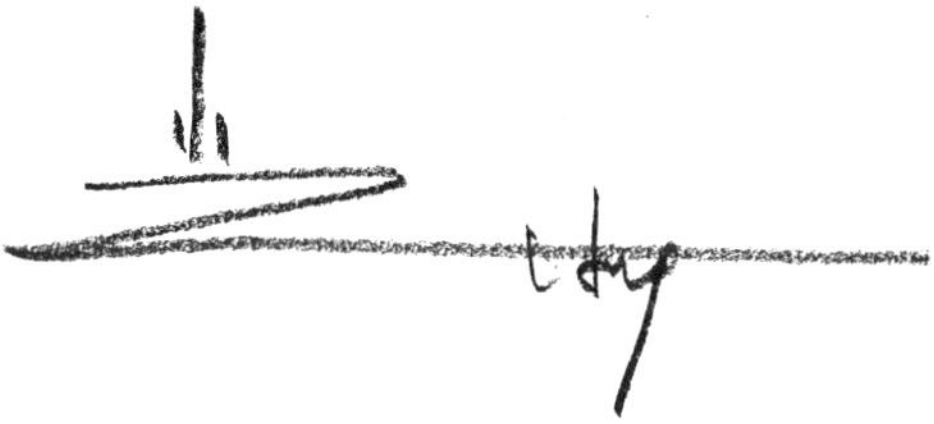

2022年11月24日

前回の本稿は「熟議」という言葉で締めくくったが、この言葉は最近よく話題になっているように思う。その言葉の意義は極めて重要であるが、気を付けなければならないのは、結論が出ればすべての問題解決ができたということにはならないということである。熟議とは、いわば議論に平等に参加するチャンスを獲得することであって、議論を深める方法の一つである。そしてその結果についていえば、必ずしも平等性が担保されるわけではないということだ。

現代社会における建築の分野でも、思考だけでなく、事業プロセスの民主的な進め方も極めて重要になっている。そうした進め方があって、初めて現代建築が生み出されることになる。民主主義社会において、多様な価値を認めることの重要性がここに表れているといえる。とりわけ、公共建築の設計の過程において、ワークショップなど、市民参加による議論の場を設けることは、もはや当たり前のようになってきている。設計者はそうした場において市民との議論を尽くしながら、自らの専門的知識に基づいて解決方法を提示し、これからの都市や建築のあるべき姿を共有していくことになる。経験的には、経済的な問題が計画の障害となることは多いが、それが民主的プロセスを持った方法によって乗り越えることがどこまで可能なのかが示される必要があるだろう。民主主義の脆弱さや困難さは、米国の分断の多くの原因として経済的安定が常に問われていることから見ても明らかである。

さて、民主主義という形式は、本来的には容易に結論を導き出すことのできない「脆弱なシステム」であることは、前回も触れた『民主主義の死に方』の著者、スティーブン・レビツキー氏も指摘している。手間がかかり、面倒な議論を経なくてはならないことは民主主義の宿命であるが、誰もが参加でき、場面を共有し、意見を交わし、あるいは受け入れ、ことを運ばせる状況に立てるためには、それは不可欠な手間暇である。ただし、こうした平等性は建前としては成立しても、現実には極めて困難であることは民主国家といわれてきた米国の歴史を見るまでもない。対立や分断を容易にはなだめることができない現実がある。

──多様な議論認めるデジタル化社会──

その民主主義的方法が、次第に変わり始める兆しが見られるようだ。それは、デジタル化という社会の変化にも起因しているように思う。デジタル化によって、地理的、時間的な制約、社会階層や身体的な違いといった既成の枠組みを超えて、誰にでもさまざまな情報へのアクセス、そして問題や困難を共有することが可能になった。いわば、デジタル社会は、多様な議論のあり方を認めることを前提としてでき上がっているということだ。しかし、その議論の場が適正でなければ、熟議のないままに一方的な主張がまかり通ることになる。そしてそれがフェイクであることさえ考えられる。

多様性とは、ある課題や問題に対する解決法や結論を得るために、多くの選択肢を持つということであり、適正な土俵の上で、それぞれのプロセスのあり様を重要視することが必要である。これこそが先の著者たちがいう「柔らかなガードレール」なのである。その構築がまさに政治の役割であり、どのような「ガードレール」を構築するかがその本質であるといえる。

――科学を超えた判断が不可欠――

そこで次に問題とすべき課題は、科学的根拠（技術）と政治との関係である。それぞれに独立して活動する民主主義を科学技術の上位に据えることである。すなわち、民主主義は、科学を超えた判断が不可欠になるということだ。こうした主張は、英国のハリー・コリンズ、ロバート・エヴァンズ両氏による論考『民主主義が科学を必要とする理由』（鈴木俊洋訳、法政大学出版局、２０２２年）からも知ることができる。しかしながら、重要なことは、プロセスに含まれるさまざまな議論こそが新たな問題の共有化をもたらす契機となるという点だ。ともに問題解決に向け議論したことによる相互信頼が、他者の結論を許容するという態度につながる。それこそが、レビツキー氏のいう「相互的寛容心」であり、「自制心」なのであろう。結論は一つとは限らない。多様性社会の重要な点は、それぞれの意見や主張が異なっても、それぞれの立場の根拠を認める熟議を経ての「相互的寛容心」なのだ。

――政治の力とエシカル社会への期待――

いま大きく変わりつつある社会環境の中で、民主主義が試されているのである。先に示したように、多様性を認めることが建築界にとっても切実な問題となりえる。建築とは極めて社会的な存在だからである。建築が生み出されるプロセスにおいて、市民との対話や議論を通して、どのようにして相互理解を深めるか、その過程が大きく意味を持つのである。つまり、単に建築を生み出すだけではなく、建築に関係する人を相互理解のプロセスを通して、「育てられる」ということでもあるのだと思う。それだけに、住民参加型の建築の設計や生産プロセスにはより大きな意味が問われている。他者に対する信頼を持ち、異なる意見や主張を受け入れる「相互的寛容心」や「自制心」をどれほど持ち得ることができるか。プロセスはたしかに脆弱かもしれないが、その脆弱さをいかにして乗り越えるかが問われているのだ。言い換えれば、マックス・ウェーバー流の深いコミュニケーション、すなわち熟議を通して生まれるであろうエシカルな社会への期待である。エシカルとは異質なものが共存しても、倫理観をもとに相互に認め合える世界観をいう。そこで調停と決断の機能を担うのが、政治なのである。ファシリテーターとして政治を司る資質あるリーダーの存在はもちろんだが、何よりも相互信頼と寛容、自制心を持つ政治参加者、すなわち国民の成長がなければ、民主主義は育たない。民主主義とはすぐ手の届くところにあるわけではない。参加者自らが民主主義を目指すという確たる目標を持って、遠い道のりを歩むことを覚悟することが大切なのである。

建築のＺＥＢ化に思う

2022年11月14日

最近、世界の自然災害はますます拡大傾向にある。異常気象による大洪水や台風、熱波による干ばつや山火事、そして熱中症による人的被害である。

２０１５年に採択されたパリ協定を批准した各国は、自ら設定した目標に向けて努力を進めているが、現実には目標の達成は困難な状況にあることが明らかになり始めている。国連の気候変動枠組条約事務局によると、産業革命前と比べた今世紀末の気温上昇は、パリ協定で目標とされた２・０度を超え、約２・５度に及ぶ可能性が高いという。一段と深刻さが増したということだ。

気温上昇が生態系に及ぼす影響も、より深刻になっている。生息域の環境が大きく変化することにより、個体数が激減する生物種が多いといわれる。例えば南極大陸に生息するコウテイペンギンは現在60万羽ほどいるとされるが、２０５０年までに26～47％も個体数が減ると予測されており、インド洋や太平洋に面する一部地域では90％もの個体数の減少が危惧されているという。

このような状況下で、温暖化を抑制するためには、温室効果ガスの排出を削減することが最大の課題なのであるが、そのために取り組むべき課題が必ずしも一様に理解されていないことが問題解決に程遠い状況を生み出しているように思われる。

いま建築界に求められているのは、ＺＥＢ（ネット・ゼロ・エネルギー・ビル）化の促進である。再生可能エネルギーを活用し、一次エネルギーの収支をゼロにすることである。それにはいくつかの段階があるが、それはここでは取り上げない。

ここで取り上げたいのは、現在の建築のＺＥＢ化の流れに欠如している視点についての問題提起である。それは都市空間、あるいは地球環境そのものに連動することであるが、建築単体のＺＥＢ化ではなく、都市空間の再生という視点である。ＺＥＢ化が、単に建築のエネルギー消費の最小化を目指した実験室をつくるのではないということである。都市環境のあるべき姿を目指すことこそが、本来のＺＥＢ化の目的であるはずである。

自然とともにある姿こそが、いま求められている課題である。それなくして温室ガスの大半を占めるCO$_2$の制御はできないからである。すなわち排出の抑制と同時に、吸着の回復を進める必要がある。現在、一般に受け入れられているZEBという言葉が独り歩きしてしまうことを懸念している。

都市化によって、自然の生態系が侵食・破壊されてきた結果、本来の自然の力、すなわちCO$_2$の吸着力が弱くなってしまった。その結果、自然の生態的循環性が失われ、生物の生息域にも影響が出ることになった。

単に、個別の建築や施設の排出ガス削減のためのエネルギー削減に終始するだけでは、気温上昇を抑え込むことは困難である。近代化を進めてきた人間社会の活動の合理的な都市の密実性、集約的効率性を見直して、自然の生態系に連動し、ウェルネスを体現した「緩やかな効率性」を再構築していくことを考えるべきではないか。

建築界の課題とは

2022年11月2日

いま新型コロナウイルスに加え、ウクライナ問題や核といった政治的にきな臭い問題など、世界共通の課題が日常を変えつつある。こうした課題に対するそれぞれの国家の思惑は異なり、世界の分断と亀裂は大きくなるばかりである。そうした中、国連で採択されたＳＤＧｓが日常を席巻し始めている。産官学それぞれが、声を大にしてＳＤＧｓを念仏のごとく唱えている状況だ。しかしながら、その実態はどういうものなのだろう。環境や人権、平和な世界や技術革新、健全な都市問題など、至極もっともな項目が並んでいる。しかしながら、いずれも問題の本質に迫る方法論を持ち得るところには到達しないのではないか。

例えば、環境問題で再生エネルギーへの取り組みとして政府が支援する、いまはやりの太陽光パネルはどうか。ほぼ10年で耐用期限（法定耐用年数は17年）を迎え、その先に破棄される膨大なパネルの処理問題が、次第に環境破壊問題になり始めているのである。技術的に見れば、発電効率などの面ではまだ発展の余地があり、これからの革新が求められることになる。その意味では技術的な進歩を組み込んだ検討が必要になるのではないか。また、CO_2についていえば、われわれを取り巻く生態系にとってCO_2は必要な元素なのである。とりわけ炭素は、身体、有機物を構成する基本である。そうしたすべてを悪として排除する必要はないだろう。

ＳＤＧｓの一つひとつを精査してみれば、そのほとんどについて、何が問題なのか、何が排除の対象なのか不透明であり、かつ問題の多さに唖然《あぜん》とするばかりである。

このように見てくると、ＳＤＧｓに対するわれわれの関心の多くは、ＳＤＧｓが唱える17項目の極めて漠然とした、耳当たりのよい目標に対し、問題の本質に迫ることなく、ただなんとなく賛同しているだけ、盲目的に踊らされているだけなのではないだろうか。建築は建設時も運用時も、莫大《ばくだい》なエネルギーを消費する。それだけに、建築界は環境問題に対して真摯《しんし》に取り組むことが使命である。

いま、そのために存在している最大の課題は、人口問題と都市のあり方である。地球上の人口と生態系のバランスが崩れ始めたことが、環境劣化の最大の原因であることを、改めて確認する必要がある。そして、これまでの文明をリードしてきた化石燃料の問題を解決することである。とりわけ、石油は現代社会における工業や食料、医療などあらゆる分野の発展を支えてきた。増える一方の人口を支えるために、進歩した科学技術がさまざまなものやサービスを生み出してきたが、その背景にあったのは石油だということだ。

しかしながら、そうした化石燃料の大量消費により、CO_2が大量に発生し、地球環境の温暖化現象を引き起こしたのである。限りある資源と人間の欲望とがアンバランスになってしまったということだ。

都市問題に直結している建築界には、ＳＤＧｓの掛け声だけに惑わされない見識を期待したい。

グローバリズムの再考が始まった

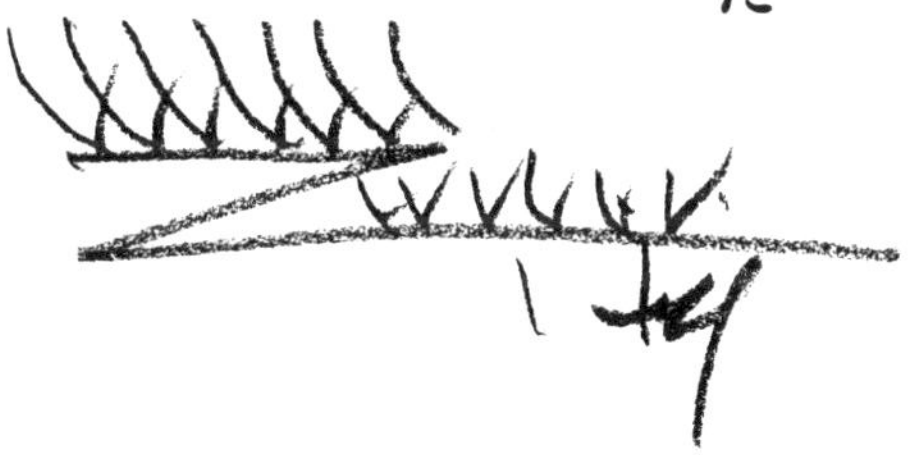

2022年10月13日

ウクライナへのロシアの侵攻が世界秩序を破壊し、過去の秩序に後戻りさせるような事態になりかねない情勢である。20世紀の世界が達成した大きな成果の一つとして、グローバリゼーションの可能性を開いたことが挙げられる。世界が互いに手を取り合い、自国の能力を高めながら、相互扶助の関係が構築されるという期待があった。情報の共有、物をつくる生産システムにおいても広く世界に開いていくことが新しい世界秩序の構築になるという夢の実現である。

しかしながら、新型コロナウイルスの世界的規模での蔓延や米中対立に加え、一国の暴挙によって、グローバリゼーションが描いた夢の世界が崩れ去ろうとしているのである。

――サイバー空間の秩序崩壊始まる――

ロシアのウクライナ侵攻は物理的なものだけではないようだ。ロシアの政治体制に起因する強権的手法がネット空間を歪め始めているという。それはサイバー集団の存在である。最近では、日本政府に対し宣戦布告を行い、複数のサイトのアクセス障害を引き起こしたとされるハッカー集団「Ｋｉｌｌｎｅｔ」などがある。同様に、ロシア政府ともつながりが深いとされるランサムウェア集団「Ｃｏｎｔｉ」も、企業や大学、医療機関などを攻撃して、元のデータの回復と引き換えに、高額な身代金を要求するという手口で、世界を震撼させてきた。

こうしたネット空間を利用したサイバービジネスは、ウクライナへの攻撃というアナログな戦争に対するロシア経済のもう一方の姿である。そこに示されているのは、まさにネット空間でさえも分断化が引き起こされているという現実である。いうなれば、サイバー空間の秩序の崩壊が始まったということだろうか。

物的供給網はもとより、マネーフロー自体もグローバル化、ネットワーク化する中で、この侵攻により、世界各国とロシアとの取引も変わり始めた。こうした動きは、まさにヒト・モノ・情報をやり取りしてきた従来のグローバル・サプライチェーン・システムがある意味では容易ならざる方向に向かい始めたことを示唆している。

ところで、インターネットは、本来は自由な空間であり、誰にとっても開かれたサイバー社会である。しかしながら、まさにそうした自由であるべき開かれた空間が、結果として、サイバー攻撃を執拗に繰り返す組織を排除することができない、というジレンマに陥ってしまうことは避け難い。

このように、ネット空間におけるサイバー攻撃は既に頻発しているが、大規模な攻撃がさらに増えるようなことになれば、世界経済に混乱や歪みを生じさせることになることが大いに危惧される。事態はさらに不安定な状況に突入し、グローバリゼーションが終焉するという意見も出始めているようだ。

――自由圏諸国で枠組み再構築――

そのために、米国をはじめとする自由圏諸国では新たな枠組みを再構築しようとする動きが加速し始めた。バイデン米大統領のいう「価値観を共有する同盟国」によるサプライチェーン構築のように、国々が新たな連携を再構築する動きである。アジア太平洋経済協力会議（APEC）内部からもそうした動きが出てきている。

以前からある日米加欧の主要7カ国（G7）に加え、日米豪印による4カ国戦略対話（Quad）、また豪英米3国による軍事同盟（AUKUS）など、それぞれの目的に即した地域連合ができ上がりつつある。

また、米主導の下に14カ国が参加して発足したインド太平洋経済枠組み（IPEF）も、台頭する中国に対し、経済安保の連携を深めようとする試みである。その一方、中露が主導する上海協力機構（SCO）の首脳会議が開催され、米欧への対抗姿勢を鮮明にしている。

これらはそれぞれが新たなプラットフォームをつくることで、これまでとは異なる位相でグローバリズムを進めようという目的であるが、分断化を如実に表すものでもある。そして、そうしたグローバリゼーションの分断化は結果として開かれた世界の可能性を狭めることになるのは明らかである。グローバリズムが志向する、世界各国が共通の秩序とルール、そして理念を持つことは、自己の利益、すなわち国益という守るべき核心が揺らぐことにもなる以上、困難なことであり、分断化の原因ともなることはいうまでもない。

――建築界にも迫る分断化へ備えを――

一方、建築界でも、いまや当たり前のツールであるCAD（コンピュータ支援設計）はもちろんのこと、BIM（ビルディング・インフォメーション・モデリング）の導入・普及に加えて、最近では都市の3Dデータ化など、国を挙げての動きも加速しつつあるが、やはり気になることはデータ化に伴うルールづくりや相互信頼にまつわる問題である。そのほかにもサイバー攻撃に対するさまざまな課題が指摘されている。これから、国際的な協業によるプロジェクトがますます増えていくはずだ。ただ、経済や軍事的連携の枠組みばかりが優先されれば、特定の国や地域が建築をはじめとする文化的な活動においても排除されかねないことが危惧される。

さらに、個人データの保護も大きな問題になってくるはずだ。EUではデータ保護規則（GDPR）、日本では改正個人情報保護法などにより、個人情報の保護が進められているが、グローバリゼーションの最大の意味は、「開かれた情報」という価値にあったはずであり、「ルールの共有化」という、この大きな矛盾の問題を乗り越えられるのか。その価値の健全な運用がどこまで担保される社会になるのか。世界の分断化はわれわれ建築界にも遠からず迫りくるだろう。事態に備える準備がどれだけできているのだろうか。

英国女王の逝去と世界の相対化

２０２２年10月6日

２０２２年9月19日、英国のエリザベス女王の国葬が行われ、世界の耳目を集めた。世界の中で英国が演じてきた歴史を振り返れば、世界の君主ともいえる女王への最後のお別れの儀式であった。大英帝国の栄華を象徴するかのような厳粛な映像に、多くの人は感激したようだが、一方、別の感情が深く呼び起こされた人も少なくなかったといわれる。英国は、イングランド、スコットランド、ウェールズ、北アイルランドの四つの地域からなる。その現実が今回の葬儀にも表れていたという。女王が逝去したのはスコットランドのバルモラル城であるが、棺がスコットランドの各地を回る時、最後の別れを惜しむ一方で、罵声も多く飛んだという。

英国は、15世紀から始まった欧州の大航海時代から台頭し、特に17世紀から19世紀の植民地支配の成果によって世界を支配してきた。現在でも、カナダをはじめとしてオーストラリアやニュージーランドなど15カ国からなる英連邦王国（Commonwealth realm）を構成している。

立憲君主制度の嚆矢《こうし》となる民主主義国家、英国という存在が、女王亡き後、どのような存在感を示すかが問われることになるだろう。一方で、連邦に所属する国家は共和国としての独立性を主張し始めている現実がある。

植民地という言葉は、現在では使われることは少ないが、そうした考えがいまでも廃れていないことは、まさにウクライナへのロシアの侵攻が物語っている。一国の領土に対するこだわりは、現在においても変わることはない。侵略によってであれ、何であれ、生み出された領土は常にその帰属性が問われるからである。領土の本質は人的資源と天然資源であり、常にその争奪戦が繰り広げられてきたということである。手を変え品を変え、常に征服という行為が連綿と続いているのが世界の歴史なのであろう。

それでも、いまや世界はデジタル・グローバル社会に突入している。もはや一国が他国の領土を自国の領土に組み入れるという時代ではないはずだ。交流と分配の仕組みをどのように構築させるのかが、まさにグローバル社会の真の課題なのである。それこそがデジタル・ネット社会の知恵ということではないだろうか。

一方では、デジタル・ネット社会においても世界の分断化が激しく起こり始めている。領土の争奪から、いまや新たな経済的尺度で世界を政治的に支配する形に移行しつつあるわけだが、その分断化の本質を見極めなくてはならない。

英国は産業革命以降、技術や文化の面で世界の指導的役割を果たしながら、今日のポジションを維持してきた。しかしながら、いまやその影響力は失われつつある。世界各国の力が相対化することにより、同じ君主をいただく国家による連邦というあり方は、次第に影を潜めることになるだろう。英国は、EUという理想からブレグジットによって離脱したことで、一層自らの地位を危うくすることになったとする意見もある。その国の「政治力と経済的自立」がまさにこれからの国のアイデンティティーを決めることになるからである。

グリーンカーボンとブルーカーボン

2022年10月3日

いまや世界の関心事は地球の気候変動である。地球の気温上昇が原因とみられる災害が各地で起こり始めている。例えば豪雨による洪水、その一方では渇水、また山火事、海水温の上昇や氷河の溶解による海水面の上昇など、悲惨な状況が人類の存在を脅かしつつある。その最大の要因はCO_2の過剰な排出である。

日本ではCO_2の排出量について、２０３０年には２０１３年比46％減の７・６億ｔまで削減し、２０５０年にはカーボンニュートラル化を目標に据えている。建築界も含めて、CO_2の発生源に対する施策は強化されているが、吸着源の問題はあまり話題になっていないようだ。

炭素の吸着源は大きく分けて、森林など陸上植物、海藻やマングローブなど海洋生態系の二つがある。陸上の植物が吸着した炭素はグリーンカーボン、一方、海洋生態系が取り込んだ炭素をブルーカーボンといい、とりわけ、海洋国家である日本のブルーカーボンへの取り組みが期待されている。しかしながら、その関心をどのように高めていくのかは大きな課題になりつつある。

わが国のブルーカーボンへの取り組みは、農林水産省をはじめ、環境省や国土交通省などで進められている。昨年閣議決定された「地球温暖化対策計画」にも、２０５０年のカーボンニュートラルの達成のため、ブルーカーボンについての開発目標が盛り込まれている。しかしながら、世間一般には、グリーンカーボンに対する関心はあっても、ブルーカーボンについてはほとんど理解されてはいないのが現状である。

海洋生態系のCO_2吸収量は、地球全体で排出されるCO_2の30％に当たるという。これはグリーンカーボンよりも多い吸収量である。中でも吸収量が多いのは大陸棚付近である。大陸棚とは、おおむね海洋法条約で定められる沿岸部から２００海里の排他的経済水域を指すのであるが、CO_2吸収にとってとりわけ重要なのは、日光が届く水深40～60メートル程度の沿岸浅海域である。浅海域が海洋全体に占める面積はわずか１％未満であるにもかかわらず、ブルーカーボン生態系が吸収する炭素量は海洋全体の８割を占めるという。そして、何よりも期待されるメリットは、貯留された炭素は有機物として海底に堆積するため、森林に比べてはるかに長い期間大気から隔離されることだ。

まだ分かっていない部分が多いことや、有望な吸収源である藻場が埋め立てなどにより減少していることなど、解決すべき課題はまだ多いが、周囲を海に囲まれた日本への期待は大きいはずだ。国土は小さいが、海岸線は世界でも６位の長さを持ち、７０００近い島々を有する、まさに海洋国家である。そして、北のコンブなどの海藻類の藻場から、南のマングローブ林や塩生湿地に至るまで、その細長い形状により多彩な海洋生態系がある。

いま海洋国家日本が、率先してブルーカーボンの活用に取り組む姿勢を示し、リーダーシップを取ることが問われているように思う。

境界が問われるということ

2022年9月27日

いま、世界はさまざまな境界論に動かされている。ロシアのウクライナ侵攻はもちろん、中国と台湾の問題も領土と主権の境界の問題である。また新型コロナウイルス感染症の問題では、経済活動と医療的側面からの制限との境界が話題になっている。建築界においてもさまざまな領域で、境界が取り払われてきた。その一つに「建築の設計と施工の融合」がある。

元来、日本には建築について設計と施工の分離という概念はなかった。かつて、江戸期までは大工の棟梁が設計と施工を一体的に進めてきた。その意味では設計と施工の分離という概念はなかったのが、明治期になって「アーキテクト」の概念が輸入されると、設計者という職能の役割が定着してきたのであった。歴史的経緯はともかく、ここで重要なのは、設計者の独立性・中立性である。建築の計画から工事に至るすべてのプロセスを通して妥当性をチェックする役割である。

しかしながら、現代のデジタル時代において、設計のプロセスがデータによって構築されるようになり、これまでの業務ごとの境界は消滅しつつある。その典型的な例がＢＩＭである。三次元のＣＡＤだけでなく、コストや仕上げなどを含めた、建築に関するあらゆるデータを一元的にデータベースとして組み込み、設計、施工から維持管理に至るまで、すべての工程で情報管理を行おうというものだ。ＢＩＭのシステムにおいては既存の境界をなくすことが優先されなければならないのである。そうでなければ、すべての情報やデータが、建築を取り巻くすべての分野で共有することができなくなってしまい、ＢＩＭのメリットが享受できないからだ。こうした境界を越えたデータの共有化にとどまらず、建築界ではさまざまな境界の越境が進んでいる。例えば、官民の垣根を取り払って、民間活力により公共施設を運営するＰＦＩ（プライベート・ファイナンス・イニシアティブ）方式や、設計者と施工者の境界を越え、設計段階から施工者が関わることでコストダウンや工期短縮を図るＤＢ（デザイン・ビルド＝設計施工一括）方式などである。

こうした傾向は、まさに現代のデジタル時代ならではの現象であろう。技術的な革新によって、さまざまな分野において、既存の境界の壁が低くなり始めたということだ。

しかしながら、そうした状況においても重要なことは、どのような仕事や研究でも、それぞれに専門や得意とする分野があるということだ。建築の設計・デザインに特化した者、あるいは施工・工事を担当する者など、専門的な住み分けが生まれることは当然のことである。もちろん、設計部門と施工部門とを併せ持ち、一体的に仕事を進める企業もあり得るし、時代の要請として必然でもあろう。しかしながら、設計部門の独立、自律は否定されてはならないはずだ。その能力の持つ意味のみならず、その中立性は社会にとっても必要不可欠なものだからだ。デジタル社会においては、既存の概念の枠組み、すなわち境界性が変更されることは必然だが、専門性の重要性を看過してはならない。

ゴルバチョフ氏の決断と想像力

2022年9月14日

世界の流れが、工業化から情報化へ大きく動き出した時代のことである。1989年、東西ドイツを分断していたベルリンの壁が崩壊した時の衝撃はいまでも忘れることができない。そしてソ連がその2年後の91年に崩壊した時のソビエト連邦の大統領がゴルバチョフ氏だった。

ゴルバチョフ氏は85年にソ連の党書記長に就任して有名なペレストロイカを唱道し、世界を驚かせた。あのソ連が改革の道を歩み出したという驚きであった。

ペレストロイカとは、当時のソ連の経済や社会システムのあり方を修正しようとした改革運動である。世界に向け、国際協調を軸とした新たな外交のあり方を示したのでもあった。その結果、東西両陣営による、いわゆる冷戦が終結し、米ソという二つの超大国の対立が解消されたと、世界が安堵した。しかし、国内においては、保守派の厳しい抵抗や改革の遅れによる混乱などが重なって、ペレストロイカ路線は苦境に立たされた。

その結果として、皮肉にも、今日のプーチン政権を誕生させてしまうという歴史の不運があるようにも思われる。ゴルバチョフ氏は単に経済や社会システムの改革だけではなく、「軍縮」や「人権問題」も取り上げ、世界の共感と支持を取り付けてきたのであるが、その現実をわれわれは学ぶことになったと思う。

氏の偉大な功績は、日本のみならず、世界にいかなる影響を与えたのか。米国のバイデン大統領はゴルバチョフ氏の追悼声明の中で、「異なる未来は可能だと見抜く想像力があり、それを達成するためには自らのキャリアをかける勇気を持った稀なる指導者だった」と氏を評し、さらに「彼の行動のおかげで、世界はより安全になり、多くの人たちがより大きな自由を手に入れた」と述べたが、その言葉にすべてが集約されているように思う。当時のソ連の共産主義の状況を正しく認識し、現状を維持するだけでは大きく変化する新たな時代を生きていくことはできないことをいち早く感じ取ったのである。それはまさに

「未来に向けた創造力」そのものである。

一方、現在の日本ではどうだろうか。現状追認の対症療法に明け暮れているという現実に強い危惧を抱くのは筆者だけだろうか。そのような対応では未来は開けてはこない。必要なのは、未来へ向けたビジョンの構想力、そしてそれを実行するための決断力である。

ゴルバチョフ氏の死に際して思うに、わが建築界も現在の状況を正しく踏まえて行動する時を迎えているということである。都市や建築は、社会・政治の反映であるというのが筆者の持論であるが、社会や政治が大きく変わろうとする現在において、都市や建築の未来はどのようなものになっていくのか、思いを巡らす想像力の問題である。例えば、いま問われている世界の深刻な気候変動と、経済活動のあり様である。それはいうまでもなく、日本の都市問題に直結する問題であるからである。

ファッションと建築

2022年9月6日

２０２２年８月、日本が生んだ二人の世界的なファッション・デザイナーが亡くなった。一つの時代が終わったという感がある。三宅一生氏と森英恵氏だ。お二人とも、日本はもとより、世界でも広く知られたデザイナーである。筆者が生業《なりわい》とする建築とファッション・デザインとは分野が大きく異なっても、デザインすることの本質は極めて似たものがある。ものを生み出す感覚はどちらも共通している。その意味では、大学で建築を学んだファッション・デザイナーがいるのもうなずける。

とりわけ、三宅氏のデザインとその思考プロセスには常に関心を持ち続けてきた。それは彼の服飾への哲学ともいえる考え方である。彼は、「女性の服は体の輪郭に合わせてのみデザインされるべきではない。より自由で開放的であるべきだ」と指摘し、一枚の布から発想を得て、万人のための万人のオートクチュールを誕生させたのであった。

世界で見れば、ファッションの分野においても、西洋は「構築的」であるのに対し、日本は「非構築的」であると決めつけられていた。すべてが感覚的美の世界で表現するのが東洋的であるという考えが多くを占めていた。しかしながら、三宅氏はそうした世界観に単に反発するのではなく、西洋と東洋の融合を図りながら、一方では一枚の布から極めて構築的に多様な世界を繰り広げるという可能性を見せたのである。１９９０年代の「プリーツ・プリーズ」の世界も、まさに一つの世界から多様に展開するというコンセプトが見事に構築的であり、建築的思考であると思う。

三宅氏は広島で生まれ育った。平和記念公園の丹下健三の建物、またイサム・ノグチの平和大橋のデザインに出会い、大きく感化されたのだという。建築や彫刻の持つ美しさに、デザインすることの意味を既に体感していたのであろう。彼のデザインが彫刻的であるともいわれている所以《ゆえん》もうなずける。

服飾の素材は〝布切れ〟だけである。時には金属や異なる素材が交じり合うことがあるが、それでも基本は布である。一方、建築はさまざまな素材の組み合わせによっている。布に比べ、はるかに多様な素材を選択でき、極めて複雑に発展することが可能だ。対する服飾の世界は、シンプルであるだけに、建築の世界が持つ複雑さに対する根源的な意味を内在させているように思う。とはいえ、布という素材を用いて多彩な世界を創造することは容易な技ではないだろう。独創的な才能が必要なのである。そして彼は一枚の布、という極めてシンプルな素材を駆使して、優れた才能をわれわれに見せてくれた。

既に6年前になるが、2016年の3月から6月まで六本木の国立新美術館で開催された「MIYAKE　ISSEI展：三宅一生の仕事」を感嘆しながら観覧した。会場の構成が建築家の安藤忠雄氏であることもあって、極めて構築的な構成で組み立てられていたという記憶がある。それはまさに三宅氏が考えていた彫刻的ファッションであり、構築的思考のプロセスが極めて明快に表現されたものだった。いま、その記憶がよみがえる。

現在の危機と混乱は文明の変曲点を示しているのか（上）

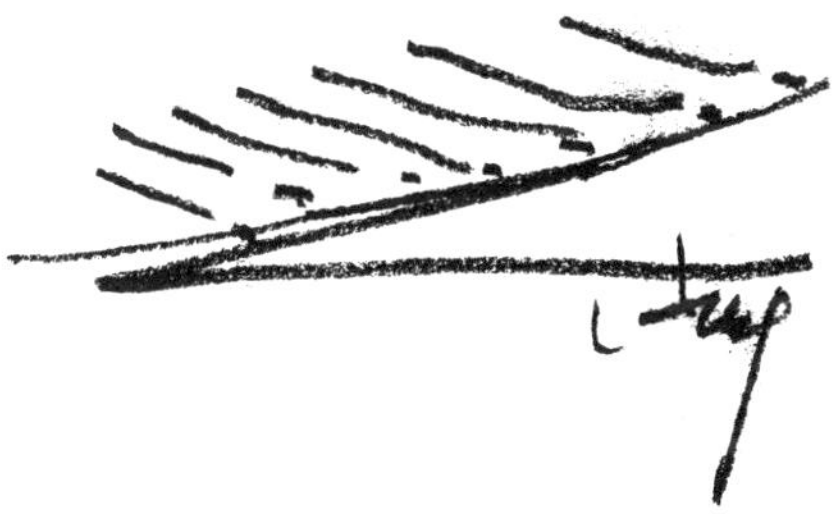

2022年8月31日

日本などでは人口減少が問題となっているが、世界の人口は現在に至るまで増え続けている。しかしながら、２０２０年に米ワシントン大学は衝撃的な予測を発表した。それによると、今世紀中盤、２０６４年の97億人をピークとして、世界人口も減少傾向に入るという。かつて国連は２１００年には世界の人口が１０９億人にまで増加すると予測していたが、出生率の急速な落ち込みにより下方修正されることとなった。有史以来、世界戦争を除けば、このような現象は初めてである。かつて米国の生物学者ポール・エーリックは、人口爆発について警鐘を鳴らし、人口問題が環境破壊につながる因果関係の連鎖の始まりであると述べたが、その意味では、人間の文明が大きな変曲点を迎え始めたと考えることができるのではないだろうか。

新型コロナウイルスがこれほどまでに変異を繰り返し、全世界を恐怖の淵に陥れ、現代医学ですら容易には対処できない事態、さらにはサル痘などの新たなウイルスの登場が次々に起こり始めている状況は何を物語っているのだろうか。

――デジタル化が世界を均一化――

一方で、ロシアによるウクライナへの侵攻は、現代社会において、予測し難い事態の展開であった。世界の緊張は米ソの対立から、米中へと変わり、その行き先が変わった形で、いまやウクライナを盾にして、米ロの対立が拡大し、それに中国やEUがからむという極めて複雑な構図ができ上がってきたのである。まさに「危機と混乱の構図」が世界を変え始めたといっても過言ではない状況である。

さらに、事態を複雑にしているのが、グローバリズムを促進させてきたデジタル化という技術革新である。一気に世界を均一化させるほどの力を発揮し始めたデジタル環境は、もはや国家という枠組みを超え、凌駕する勢いを持ち始めている。それゆえに情報による相互侵略が容易になり、新たな国家間競争が勃発し始めたといえる状況である。米中の問題もまさにデジタル分野の覇権争いといっても過言ではない。

とりわけ、文明論的観点から見た最大の問題は、20世紀の文明が引き起こした工業化と都市化であり、その結果、地球の持つ本来の生態系が破壊され、もはや地球自体の気候変動も容易ならざるところまで来ていることは、最近の気温の高温化、海水温の上昇に表れている。CO_2濃度の上昇はもとより、異常ともいえる豪雨や高温による山火事、熱中症による死者数の増加はその顕著な例である。これらはすべて、気候変動そのものであることは言を俟《ま》たない。

このような異常現象や変化が分野を超えて、しかも同時に起こり始めている状況は、過去の歴史にも数えるほどしかない。管見ながら、「生命の種」が激増した古生代前期、いまから5億年ほど前のカンブリア紀の「爆発」を生み出した時期以外に知らない。その時期には、生物の「性の誕生」といわれている爆発的進化が起こったのである。

――生態的環境の維持が重要――

そしていま、われわれはこのような変革期に遭遇しているという認識を持つことが大切であり、何より重要なのは、この限られた地球という惑星の生態的環境を維持しているのかという認識ではないだろうか。文明の進化は、常に人間にとっての快適性、利便性の追求の結果であり、そのために人類の英知が動員され、科学技術の爆発的進化を勝ち取ってきた。そしてその受け皿として、建築や都市の進化が生み出されてきたのである。モノづくりに関しても同様に、工業化がその発展を後押ししてきたのであるが、行き過ぎた工業化が現在の地球との生態的バランスを大きく歪めることになってしまったのである。

その一方で、人間はバランスの崩れを科学の力で乗り越えることを妄信し続けてきた。ところがいま、その妄信に疑念が起こり始めている。まさに現在のウイルスの暴走が、科学の限界を露わにしたのである。現代の最先端医療でも手が付けられない状況がこれを物語っている。

――都市と建築のあり方が問われている――

さて、以上のような文明論的観点から見て、われわれに問われていることは、都市社会のあり方を再考することではないだろうか。

ここで筆者の独断的結論を先に示したい。それは、都市の構造を大きく変えることである。都市化された地域は、地球上の陸地のわずか2％に過ぎないが、問題はその過密さと、都市機能を維持するために自然が破壊され、膨大なエネルギーが浪費されているという現実である。気候変動も、ウイルス問題も、政治的領土問題、さらには人間という精神的安定性、自然との調和など、すべてがこの過密化された都市問題に帰着するのではないか。

それゆえ、これからの文明社会においては、従来の文明の根幹をなしてきた、利便性を最優先にして過密化された都市社会のあり方を再考することが必要なのではないだろうかと考えている。すなわち、人間が求め続けてきた快適な環境についての再考である。閉じられた高密度な環境の中で、快適で利便的の高い都市や建築を求めることは、果たして人間を含めた多様な生物にとって真理の道となり得るのであろうか。人間という特殊な進化を遂げてきた生物種と、人間を取り巻く自然、その関係の原点に立ち返り、新たな共存の姿を探る必要がある。それには、過剰に人工化した都市のあり方を見直すことでしか対処できないだろう。

現在の危機と混乱は文明の変曲点を示しているのか(下)

2022年9月8日

前回の本稿では、今後の文明の存続に向けて、現在の都市の過剰な人工化を見直すことを提起した。こうした認識の根本にあるのは、都市や建築のあり方を閉鎖系で捉え、快適性や省エネなどについて、人間中心主義的に考えていることへの危機意識である。

地球という生物圏の中における人間存在をどのように捉えるか、その捉え方の問題である。地球という閉じた環境下で、物質が循環し、生物の生存にふさわしい環境の調和が保たれてきた。その循環が乱れれば、生存環境が危機に陥るのは必然であろう。人間も生物の一員である以上、どのように繁栄を謳歌していても、その環境を無視することはできないということである。

――自然環境の割合を等価まで高める――

それだけに、人間が利便性を追求するあまりに過剰に人工化を進めてきた都市や建築に自然を呼び込む方法を考えることがいま求められているのではないか。その答えは、ごく簡単にいえば、都市や建築の半分を自然に返すことではないだろうか。すなわち、人工化された環境をできる限り減らし、都市や建築に対して自然環境の割合を等価にまで高めることで、それぞれの持つキャパシティーを開放することである。それは言い換えれば、自然環境と人工環境との「取引」(ディール)という概念を持つことだと考える。

この考えは自然環境を高密化した人工環境に網の目(織物)のように織り込むことである。自然とは、ただ森を残す、あるいは大きな緑の公園をつくるという発想ではなく、それぞれ施設(建築物)のある敷地内に自然を強制的に取り込む制度が不可欠であるということである。こうした自然の分散化と連携化を生み出す方法(織り込み型都市)は、自然を大きく残すという都市とのあり方より生態的には効果的であるという実証的分析がある。

──寒暑は使う側の知恵で克服──

現在の都市や建築の考え方においては、環境の悪化に対し、対症療法的な取り組みに向かうだけで、気候変動の根本的解決に向かう姿勢が見えてこないところに問題がある。もちろん、CO_2の削減を積極的に進めることは正しいが、それだけではもはや問題が見えなくなる恐れがある。このままの状態が続けば、相当な気温の上昇は避け難いことになるだろう。

日本のような比較的温暖な環境では、建築の断熱化をここまで高めて、閉じた建築をつくることが本来的なのか。むしろ、日本家屋が本来持っていた開放的な建築を望む向きもあることを忘れてはならないだろう。多少の暑さや寒さに対しては、使う側の知恵で乗り越えていけばよいのだ。ただし、現在の温暖化した気候ではそうした対処は難しいだろう。そのためには気候を半世紀ほど時計の針を戻すことが必要である。

例えば、北欧のような寒冷地域においては断熱性の高い建築は不可欠だが、温暖地域では、そうした断熱の必要性はそれぞれに異なってくる。熱帯地域では断熱化も必要だが、日陰と風通しの良い環境がより重要であり、何よりも自然な風情を取り込むことが可能である。

それ以上に、そもそも人間はそれぞれの生き方や住まい方を望むものである。夏になれば、服装も薄着を基本に、京都の町家のように住み方も変える。冬になれば、厚着をして、暖炉のように火のある環境を取り込む。秋になれば、さわやかな開放的な環境を求めることができる。春は冬からの目覚めだ。CO_2の排出も人間が暮らしていくためには避けて通ることはできないが、わずかな過去にそうであったように、自然によるCO_2の吸着能力が十分であれば何ら問題はないはずである。

本来、動物はすべて自然とともにあったが、人間という特殊に進化した生物が打ち立てた文明は、自然界と次第に距離を置くようになり、極めて高度な人工世界を築いてきた。

現代になって、その乖離、歪みが極めて大きくなった。その結果、地球が本来持っていた生態的機能の限界に至ったのである。

われわれは、いま地球温暖化という現実的な危機に対してさまざまな取り組みを始めている。省エネルギーのための施策もきめ細やかに練られている。そしてCO_2の排出量を削減するための方法も多く考えられている。しかし、問題はその対処に向かう姿勢である。

――自然界との生態的バランスを回復――

20世紀の行き過ぎた文明を新たな時代に合わせた文明、すなわち地球環境の生態的バランスを取り戻す文明へと変容するためのチャンスがいまなのではないか。それが、まさにこの文明の変曲点という認識と自覚が必要なのではないか。米国の著名な経済学者であり生物学者でもあるバリー・コモナー（1917−2012年）は、環境問題がこれほどまでに深刻化する50年以上も前に、「もし今後、生き延びたければ、生態的考慮を経済的・政治的考慮に優先させなければならないだろう」と述べた（『なにが環境の危機を招いたか』安部喜也・半谷高久訳、講談社、1972年）。それこそいまに生きているわれわれに与えられた大きな命題なのである。

無論、こうした取り組みを進めるには長い時間と強い覚悟が不可欠である。しかしながら、地球環境に取り返しのつかない危機的結果を与えるに至った現在こそ、その課題に取り組むスタートを切るための最後のタイミングではないか。これこそがわれわれに与えられた使命と考えたいと思う。

緑と水と大地を取り戻すために残された、限られたチャンスが「いまだ」という自覚を持たねばなるまい。〝人口の増大が文明の進化と発展をもたらす〟という神話は捨て去る時が来たのである。

アルゴリズムと人間

2022年8月29日

日本のインフレは、かなり深刻な状態である。とりわけ日本の産業を支えてきた中小企業の業績が落ち込み始めている。輸入資材や輸送経費の高騰、円安などによるものだが、これは新型コロナやウクライナ問題の影響だけではないことに注意する必要がある。日本の構造的問題は大きい。20世紀終盤からの日本経済の落ち込みは、産業の構造的変化、中でもデジタル分野への転換に乗り遅れたことが原因なのはいうまでもない。日本が得意としてきたモノづくりの壊滅的ともいえる状況がいま起こっているのである。それはそのままＩＴ化の遅れである。建築生産も同様な状況にある。

企業のＩＴ化とは、昨今の状況では例えばＡＩ（人工知能）の導入であろう。それはコンピューターアルゴリズムにより業務の効率化や創造性を高めようとするものだ。アルゴリズムとは、本来は何らかの解を求めるための段階的な手続き一般のことであるが、近年では特にコンピューターによるそうした解決方法を指す。いま、そのアルゴリズムが、人間のほぼすべての判断に取って代わることが可能だとする考えがあるようだ。極論すれば、人間の代わりにＡＩに判断させることができるかという問題である。

この問題を調べるために、アルゴリズムに関する多くの著作に目を通してきた。肯定的な意見、否定的な意見の双方がせめぎあう見解が多く、判断に困るようなものばかりだったが、ユニバーシティ・カレッジ・ロンドンの准教授である数学者ハンナ・フライ氏の著作『アルゴリズムの時代』（森嶋マリ訳、文藝春秋、２０２１年）には大変納得させられた。アルゴリズムの判断と人間の判断との適切な組み合わせが精度を高めるのだという。

ちまたには、ＡＩが人間の能力を凌駕し、人間は機械に使役される存在に成り下がってしまうというような、暗澹《あんたん》たる未来の到来を予見する声も少なくない。しかし、彼女は人間とアルゴリズムの関係をさまざまな事例を通じて検証し、問題を指摘するだけでなく、その有効性についても客観的に検証している。その分野は医療の診断、法廷での判決、未来の自動車、あるいは犯罪多発地域の予測、そして映画や音楽の作曲など多岐にわたる。

例えば、日本ではまだ導入されていないようだが、米国などでは司法の判断にアルゴリズムが使われている。裁判官も人間である以上、判断の偏りやばらつきは避けられない面がある。それを修正するのにアルゴリズムが使われるのだという。ただし、公平に見えるアルゴリズムも、判断の基になるデータに偏りがあれば、それがそのまま反映されてしまうことがある。最終的に判断を下す人間が、そうしたアルゴリズムの「偏り」の影響を受けることも考えられる。彼女のいうとおり、「アルゴリズムに何をさせたいのかということ、そして、アルゴリズムに補ってもらいたい人間の欠点をはっきりさせる」ことが重要なのだろう。

本書末尾の彼女の言葉には勇気付けられた。「アルゴリズムの時代には、これまで以上に人が重要な役目を果たすのだ」

想定外とフェイルセーフ

2022年7月27日

危機管理の重要性がいまほど問われている時はない。日本は世界でも一、二を争う地震大国であり、台風などによる被害も多い、いわば災害大国である。そして、現代は情報社会である。パソコンやスマートフォンなしの生活はもはや想像もできない。さまざまな日常がスマホの中で成り立っているといっても過言ではないほどである。

その意味でいえば、東日本大震災による東京電力福島第一原子力発電所の事故も、第一義的には自然災害が原因ではあったが、起こるべくして起こった事故であろう。そして、このたび起こったＫＤＤＩの通信障害もまさに起こるべくして起こった事故ともいえる。この二つの事故はどちらも現代社会が抱える問題に直結している。

原発はまさにエネルギーの未来を左右する問題であった。化石燃料からの脱却がいわれてきた中で起きた福島での事故により、再びそのあり様が問われることになったが、代替手段となる再生可能エネルギーへの転換も容易ではなく、原発はいまだ最後の手段として、推進か廃棄かの二者択一が迫られた状態のままにある。

一方、そして今回の通信障害である。スマホはもはや現代社会の日常生活を支えるコミュニケーションツールであり、社会生活の基盤である。それが失われるという事態が発生したわけである。

どちらの事故も想定外といわれているが、むしろ起こるべくして起こった事故ではないか。「フェイルセーフ」の観点がいかに欠如しているかを物語っているということだ。想定外だったと当事者はいうが、社会生活のインフラがダウンすることに対する危機意識が欠落しているとしかいいようがない。

こうした事故が繰り返される現実を考える際、巨大化したシステムに飲み込まれて埋没している現代社会の問題に行き着く。どこかで問題が起これば、全体がダウンするという巨大なシステムの構造の問題である。こうした問題をどのように解決していけばよいのかは、結論だけいえば、巨大システムを小さなシステム群へと分散化を図ることである。そうすれば、どこかがダウンしても直ちに補完・支援できるからである。

エネルギー問題で考えてみれば、送電システムの融通性を高めること以上に、地産地消型のエネルギー開発を進めることである。ことしも猛暑で電力不足が危惧されているが、大規模な中央からの送電システムにだけ頼るのではなく、地域ごとに自立した、気候などに左右されにくい安定したエネルギー源を確保することである。

例えば、木材や生活ごみを有効利用した「バイオマス発電」、国立公園などの規制はあるが「地熱発電」、限られた地域特性はあるが埋蔵量が豊富な「天然ガス発電」など、有望なものがいくつかあり、各地で実用化に向けた研究が進められている。

常に現実の問題を身近に考えながら、想定外をなくし、フェイルセーフを念頭に置いた危機管理意識を持ち、全貌が見えにくい大規模システムにだけ依存するのではなく、見える形に置き換えてみることが必要なのである。

シュリンクし、歪み始めた世界

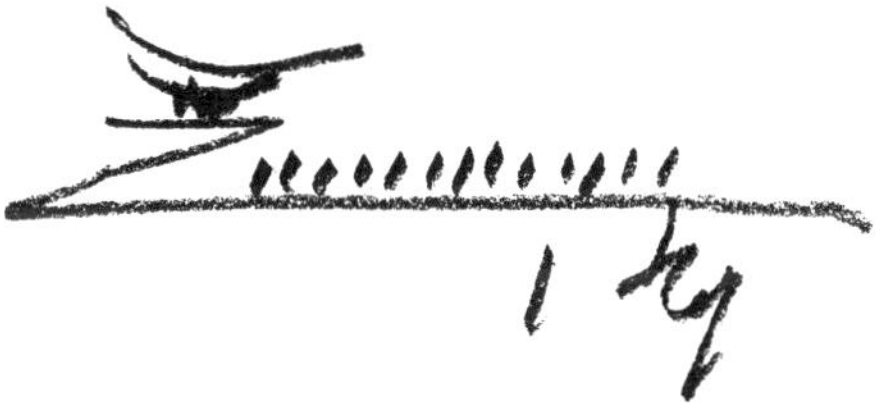

2022年7月21日

安倍元首相が凶弾に倒れるという衝撃的な事件が起こった。歴代最長の政権を率いてきたトップリーダーが突然の死を迎えたことに、日本のみならず世界に衝撃が走った。

いま世界の状況は、ロシアによる一方的なウクライナ侵攻により混乱の極みにある。殺戮《さつりく》と都市の破壊は、まさに最大級の犯罪といっても過言ではあるまい。その一方で、米国では銃の発砲事件が続いている。中東やアフリカにおいては民族紛争や、中国やミャンマーにおける人権問題も深刻である。

こうした事件は同じ性質のものではないが、現在の世界で同時に引き起こされている。現在のネット空間についてはいうまでもないことだが、グローバル社会においては社会的背景の同質性があるからである。ここで明らかにいえるのは、グローバリズムにおける多様性と自由の問題が一つの原因だということではないだろうか。

その背景にある、インターネット空間が世界を席巻し、拡散した社会の現実を見なければならない。

――自由に対する自覚欠如／権利行使には責任付随――

政治家をはじめとして、識者やジャーナリズムなど多くの人が、この度の銃撃事件を民主主義に対する「挑戦」や「分断」だと声高に叫んでいたが、果たしてそうなのだろうか。この事件を民主主義という言葉に集約して語ることが本当にふさわしいことなのか。十分な検証が行われることなく、ポピュリズム的な「うすっぺらな思考」に社会が飲み込まれるかのような状況を憂慮している。

ネット社会の中では、多様性の名の下に「自由」はますます拡大し、われわれはさまざまな制約から解き放たれてきたといえるが、その半面、そうした世界の中に飛び交う個人の意見が検証されることなく、あたかも真実として受け取られてしまう。その結果、さまざまなプライバシーや権利の侵害などが無差別に起こるようになった。サイバー攻撃も日常化している。

こうした状況から考えれば、いま問題とすべきは、誰もが意見を表明することができるという「自由」を背負うことに対して、個人の自覚が欠如しているのではないかということだろう。自由を謳歌できるということは素晴らしいことであるが、その権利を行使するには理性に裏付けられた責任が伴う。そのことをわれわれはどれだけ身に染みて学んでいるだろうか。われわれ現代人は人間の「自由」を生得的なものだと考えてしまいがちだが、それは長年の努力によって勝ち取られ、確立されたもので、他者の自由との関係において制限されるものでもある。しかしながらネット社会では、自由を履き違えて、勝手気ままに野放図にふるまうことだと認識している者が多い。いまほど自由に対する教育が放置されてきた現実が露呈している時代はないのではないだろうか。

――都市や建築が人を育てる／精神・記憶の貯蔵駆使――

では、このようなネット社会の中に生きているわれわれは、現実の都市や建築を通して何を生み出し、社会にどのような力を与えてきたのか。いまその問いにどう答えるのかという岐路に立たされているのだ。社会のあり様が同時代の都市や建築の姿に映し込まれることに、そして、時代がつくり出した都市や建築という物理的環境に、人間が育てられるという現実がどれほど理解されているのであろうか。「人は都市や建築をつくるが、その都市や建築によって人は育てられる」という歴史的な格言が脳裏をよぎるが、ともすれば自由の意味が取り違えられるこの時代にあって、時代が生み出す都市や建築がどのような人間を育てていくことになるのか。

都市や建築は人間の社会生活を促すために、まず何よりも厳しい外的環境から身を守り、安全を保持するためにある。そして、さまざまな活動を支援するための利便性を受け入れる機能を保持するためのものである。しかしながら、そうした都市や建築に求められるという機能がどれだけ満たされても、人間はそれだけで生きているわけではない。

20世紀を代表するフランスの社会文化人類学者、アンドレ・ルロワ＝グーラン（1911－1986年）は建築について、単に雨風を防いで身を守るだけではなく、精神的な場所性を表し、そこに関わる人との象徴的意味を獲得する空間・場所なのであると述べている。それは都市空間においても同様にいえるだろう。われわれは単に目的を達成するためだけに生きて活動しているわけではないからである。自らの精神・記憶の貯蔵を駆使して生きているということである。

――都市の荒廃が人の心荒らす／美しい空間の意義を再考――

いまロシアによるウクライナ侵攻によって多くの都市が破壊され、住宅はもちろん、数多くの施設ががれきと化している。このように都市が荒廃する時に、人は生きる拠り所を失ってしまうことになる。単に物理的な喪失だけではない。心の拠り所を失うのだ。そして心の拠り所を失うことが、人間にとって極めて大きな影響を及ぼすのである。ウクライナに限らず、都市の荒廃は人の心を荒ませてしまうのである。それゆえ、都市や建築が美しく、秩序をもって心に響く存在であり続けることができるならば、人心の荒廃を治めることができるのではないかと考えている。

多様化したグローバル社会の一方の現実は、ネット空間が生み出している極めて不安定で身の置き所のない社会である。そうした現実が、さまざまな事件や犯罪を引き起こす原因となっているのではないだろうか。

いま改めて、現代社会という現実に向き合う時、人の心を包み込む都市や建築を忘れて居場所を失うことになれば、人は自らの心も失うことになる。美しくつくられた都市や建築の意義と使命を再考したいと思う。

共感と敬意――リーダーの資質

2022年7月20日

現在、名古屋外国語大学学長を務めておられる、ドストエフスキー研究の第一人者として知られるロシア文学者、亀山郁夫氏の「私のリーダー論」という記事を日本経済新聞夕刊（２０２２年６月16日、23日）で目にした。その内容に大いに共感するとともに、その実践力に深い敬意の念を抱いた。

冒頭、リーダーの必要条件について「創造的思考。自分の力におごることのない謙虚さ、厳しさと寛容のバランス」という三つの条件を挙げ、続いて「人と異なるプラスアルファの思考ができないと人はついてこない」とし、さらに「謙虚さは言葉に力を与えます」と述べておられた。この冒頭の言葉だけからでもすべてが読み取れたような気がして感動した。文学者としての深い洞察力と、学問に対する自信から生まれてくる自己のアイデンティティー獲得という意味が染み渡る。

このように書き出したのは、いまわが国の多くの分野が世界の潮流から取り残され、沈みかけているという状況があるからである。国力とは経済力や技術力を指すことが多いが、何よりも国の舵取りをする政治家のリーダーシップは重要だ。国の資質そのものが示されるからである。創造力を喚起させる政治家の言葉こそが必要なのである。

しかしながら、現在の国会論戦の低劣ぶりは嘆かわしいばかりである。岸田内閣が掲げる「新しい資本主義」の中にも心に響く言葉は見当たらない。分配と成長の好循環、貯蓄から投資へというような言葉が散見されるが、その実態が円安、株安という現在のわが国の現状の中で何を提起しているのか、国民には全く見えない。

そもそも新しい資本主義とは何を示しているのか。たしかにデジタル化の中で、いままでにない経済的取引が行われている。だがそれが何を新しくするのか。その新しさを明らかにしなければならないはずだ。フランスの経済学者トマ・ピケティ氏の指摘を待つまでもなく、資本主義の構造そのものに格差が内包されている。ある意味では、格差はお互いが成長するエネルギーでもある。

そうした指摘がある中でどのように適正な分配を生み出すのか。それが貯蓄から投資というのでは、あまりにも短絡的で無責任な発言ではないか。そこには心に響く哲学も言葉も見られない。

いま問われているのは、グローバルに開かれた現代社会の多様性を受け入れる心構えである。そこに生きるために、いま何をすべきかをそれぞれの立場で、関心を持つことである。とりわけ、政治家はリーダーとして、未来の展望を示しながら、現実社会の矛盾や混乱、格差などを克服するための指針を示すことが問われている。

大切なことは、結果以上に、国民がそれぞれの立場で力を発揮できるように情熱を喚起することではないか。株価や賃上げという現象的な問題処理ではなく、いかにして人を育てるかという環境の整備である。もちろん、政治家だけにとどまらず、企業家や教育者のすべての責任ある立場に問われることだ。

最後に、筆者に最も響いたのは「謙虚さは言葉に力を与える」という言葉だ。努力が足りないと自戒の念を強くしている。

The first half of 2022

2022年前半

Chapter 3

日本の空き家問題を考える

2022年6月30日

日本の空き家問題が深刻化している。新型コロナウイルス感染症をはじめとする経済環境の悪化などにより、高齢化や少子化が一層進み、日本の人口減少にさらなる拍車がかかるような状況である。その結果、日本の空き家率は世界でも類を見ない状況にある。ヨーロッパなどでは、むしろ空き家を探すことが難しいという。住宅着工数が増えていることを勘案しても、日本の空き家率の高さは群を抜いていて、２０１８年の調査によれば13・6％と高い水準にある。ドイツなどでは、１％前後を維持しているという。

何故、日本の空き家がこれほどまでに深刻な状況なのだろうか。そこには日本独自の税制の問題もある。例えば、1年以上人の出入りがないなどの条件により指定される「特定空き家」の問題などがあるのだが、その制度がどれほどの実効性があるのか疑問視されている。また、所有者の不在や権利関係の複雑さなどもあって、容易ならざる問題がある。

しかしながら、こうした制度や権利以上に、自らの街に対する思いや愛情、そして住宅に対する継続的メンテナンスの意識の欠落、さらには住宅生産の市場価格の問題がある。日本の木造住宅は傷みやすく、火災に弱いという弱点はあるが、家に対するきめ細かな配慮と、愛《いと》おしみを持って、永らえる環境にしていけば、どのような家でも持続できるはずだ。京都の古い町屋が現在に続いているのは、まさに持続させるためのさまざまな手当てと愛情を注いできたからである。

筆者がしばらく住んでいたイタリアの小さな街でも空き家はあったが、まず住民がそれを放置しない。行政もボランティアも再生のためのアイデアを出して、むしろ従前よりも素敵なレストランやショップに改装されて、街に新たな名所が誕生したと評判になったりしている。石やレンガ造りの古びた建築でも、内装はモダンに改装する。しかも、住民がボランティアで、外壁の補修などに手を貸している風景はよく目にしていた。要は、住民が自らの街に愛情を持って育てていく気持ちがなければ、空き家は放置されるということである。

日本では、戦後復興や経済成長に力点を置いて都市や街の発展を進めてきたために、いわゆるコミュニティーが育ってこなかったのではないか。所得倍増論や日本列島改造論という大風呂敷を広げて、戦後を走り抜けようとしてきたが、そこで忘れられたのが地域社会の人間同士の絆という問題だったのである。

しかしながら、人口減少と高齢化は世界のどこでも深刻になりつつある。ヨーロッパの中でも特に北欧では、高齢化と同様に空き家問題も深刻である。後継者がいないばかりか、行政が街の政策的課題を設定して、対策を打ち出さない限り、課題は解決されない現実もある。

いま、日本が高齢化と社会の成熟期を迎えていることを考えて、失われたコミュニティーをどのように、新たに生み出すことが可能なのか。それこそが、空き家問題の大きな課題なのである。

都市空間になぜ広場が必要なのか

2022年6月29日

ロシアのウクライナ侵攻が始まって4カ月が経つが、いまだ収まる気配はない。世界に配信されるウクライナの悲惨な状況に、深い悲しみが一層かき立てられる。その一方で、がれきと化した建物から生きて逃れることができた人々が広場へと集まり、互いに出会い、つかの間のことながら安堵の表情を浮かべているのを見て、私たちもわずかに救われた気持ちになる。まさに広場が都市に命を与える様子を目の当たりにした。無人の都市は死を象徴するようなものであり、反対に、多くの人が集まっている広場は生きる喜びを象徴しているということなのである。

――生きる喜び広場が象徴／心交わらぬネット社会――

さて日本では、人口減少や高齢化といった問題を抱える上に、コロナ禍やウクライナ問題という悩みの種までも背負い込まざるを得ないという、極めて危うい状況にある。さらに、経済的側面だけではなく、生き生きとした社会活動を促すことができる場所という物理的側面に関しても問題がある。

ネット社会は端的にいえば、場所を必要としない社会である。インターネットが稼働さえしていれば成り立つというわけだ。しかし、冒頭で広場に逃げてきた人たちの触れ合いの様子について述べたように、インターネットでつながるコミュニケーションは、情報のやりとりという意味での交流ができるとしても、他の人々との生身の出会いによる心の交流は難しい。そのための場が、例えば都市の広場なのだ。

日本には、緑や水などを配した「庭」という概念はあったものの、外敵から身を守るために石やレンガ造の建物で囲われた安全な場所・空間としての「広場」という概念はなかったといわれてきた。それは近代国家が成立してもあまり変わってこなかったのではないか。都市空間の近代化は、単に建築物や道路などのインフラを整備することだけではなかったはずである。人が互いに出会い、交流する場が欠けていたのではないか。

明治以来、日本の都市は西洋の都市をモデルとして成長してきた。しかしながら、広場は違った。日本では、その自然観に即して、融合・調和という価値を重視してきたことから、現代の都市空間の中における広場の役割・機能に対する考えが育たなかったといえるのではないだろうか。

―「広場」の概念ない日本／独自の自然観、価値重視―

いま、渋谷駅前のスクランブル交差点の人の流れが海外でも話題になっている。信号が変わったとたん、一斉に多くの人が移動するということに対してである。しかし、そこには多くの人が集まってはいるが、交差点を行き来するだけで、広場のような人々の交流や出会いはない。

欧米では人が集まるところは「広場」であり、人が移動する場所ではない。そうした文化的なギャップもあって、渋谷の交差点が話題になるのだろう。欧米の広場ではぶらぶらと移動していても、さまざまな人との交流が存在している。

ヨーロッパでは、教会や市庁舎の前には必ずといっていいほど広場がある。何かがあれば、人は広場に集まってくる。いや、何も起こらなくても、夕刻にもなれば人々は三々五々と広場に集まって、あいさつを交わしたり、世間話に花を咲かせたりといった光景はよく目にすることができる。

すなわち広場とは、格式ばった式典よりも、むしろ日常生活に組み込まれた、人が生きて行くために必要不可欠な「交流の場」なのである。

では、そうした屋外での交流の場が、日本ではなぜ生まれなかったのだろうか。そしてなぜ、いまだ生まれないのだろうか。日本は木の文化であるといわれる。その自然観は、日本庭園に見られるような、身近な自然を取り込み、より内面的な方向に向かうというものであった。自然を愛でる心性を背景として、見立てや借景《しゃっけい》などの工夫により、世界でも類を見ない独特の造園表現を見せてきた。それだけに、ヨーロッパの石の文化がつくる人工化された都市空間が成立しにくかったのではないか。石というハードな建築群に囲われた空間の発生がなかったということでもある。

――市民活動、交流を誘発／人との交流は広場から始まる――

ヨーロッパでは、人工的空間と自然は切り離された異なる空間として考えられていた。歴史的に見ても、自然は美しく市民の憩いの場にもなる半面、すべてを飲み込む恐ろしい存在でもあるという認識がある。ドイツの「シュヴァルツヴァルト」（黒い森）もそうした自然観が反映された存在である。自然を畏怖《いふ》しつつも愛でるという日本の感覚とは異なるものがある。

ウクライナのような戦争や侵略という悲劇、あるいは政治的な市民活動などのような状況において、多くの人が集まることを良しとしない為政者に対する、市民の姿勢の違いにもあるのだろう。ヨーロッパで市民運動が生まれた経緯にも、広場は深く関わっているが、日本ではそうした市民の活動を誘発させる場所も、そうした機運もないということであろうか。

日本では「道」が公共の場所であり続けてきた。お寺や城の門前町においても、あるいは横丁の「道」も、その役割を果たしてきた。今日の歩行者天国のような道路の使い方にもそのことが色濃く反映されている。

しかしながら、そこには広場という場所での交流行為は見受けられないようだ。日比谷公園などでは時として集まりはあるが、それはあくまでも緑と水のある公園での出来事なのである。それは、広場での集まりの姿ではない。

いまやデジタル社会が現実社会を動かしている。しかしながら、われわれはそれだけで生きているわけではない。ウクライナでの戦争は情報戦争ともいわれるが、その現実は、物理的な都市空間と生身の人間との関係に存在している。人と人との交流は都市というリアルな存在に依存している。それを端的に表すのが広場という都市空間の役割である。

都市空間における空の見える開放された場所は、現代がデジタル社会であるがゆえに必要不可欠な存在なのである。単に緑や水を配せば事足りるという公園的発想だけではなく、現代の都市における「広場という空間」の役割について再考したい。

リモートワークという現実

2022年6月23日

新型コロナウイルス感染症により、人々の行動が制限された結果、ネット社会への取り組みが一気に進んだ感がある。

多くの企業でリモートワークを導入している。パソコンさえあれば、どこからでもやり取りが可能で、むしろオフィスへの出勤などの労力や時間の無駄が省けて、効率的に仕事ができるというわけだ。たしかにオフィスに集まって仕事をする必然性がない職種もあるだろう。

しかしながら、仕事の多くは相互の協調によって成り立っているのが現実である。とりわけ建築業界ではチームやグループでの共同作業が不可欠である。メンバーがそれぞれ知恵を出し合うことで問題解決の糸口が見いだされる場合が少なくない。この糸口がどこにあるのか相互に確認することこそ、問題解決のスタートなのである。

一方、リモートでのつながりでは、情報のやり取りはできても、微妙な意味合いの伝達は難しく、アイデアの糸口は見いだし難いのではないか。とりわけ、建築のような、複雑な問題に仮説を立て、さまざまなプロセスを試行錯誤して、アジャイル的に組み立てられる仕事に対して、リモートワークがどれほど貢献できるのか。ネット社会の技術的な側面にだけ目を向けて、それをもって未来社会のあり様を断じるという極端な風潮がまかり通っているように感じる。

社会的存在としての人間の原点はコミュニケーションである。それは単に情報の伝達だけにあるわけではない。また、たとえ巨大な図書館があって、あらゆる情報の検索ができても、そこから何が生み出されるのか。そうした情報を基にして試行錯誤していくために、さまざまな人と顔が見える「即応的コミュニケーション」が何よりも大切なのである。情報の検索だけで創造的行為が生まれるわけではないからである。そして、現代社会という複雑な構造体に応えるための建築や都市の存在を明らかにすることは、リモートワークでは成立しない内容を持っているのである。

テスラのイーロン・マスクCEOはリモートワークで仕事をする社員は即刻

首にすると言い放ったそうだ。彼は、リモートワークをする人は実際には何をしているのか分からないことを理由に挙げていたが、そればかりではないだろう。現代社会の仕事という世界が、もはや一人で一定の考えをまとめて、その答えをもって、情報のやり取りをすることでは成り立たないことが見えてきたのではないだろうか。

人間という存在のコミュニケーションの意味と、建築という極めて複雑なプログラムを要する対象に対して、ネット空間でのやり取りでのコミュニケーションだけでは成立しない現実がようやく理解されることになり始めたのかもしれない。

飛躍した話になるが、情報戦争の側面もあるウクライナ問題も、情報だけでは何も解決できない現実を見れば、それは明らかである。顔の見えるコミュニケーションが、いかに現実を動かすものであるかを物語っている。

都市の広場と歩行者空間

2022年6月13日

地球環境の悪化がいわれて久しいが、いまや世界ではＳＤＧｓ（持続可能な開発目標）の運動が日常的なものになっている。その一つに自動車の問題がある。そのメリットとデメリットを巡って、賛否両論の議論が行われてきた。事故による人的被害、排気ガスによる環境破壊や騒音被害など、社会的損失が常にいわれ続けてきたのであるが、そうした問題の一つに、都市空間に占める自動車に関係する施設などの比率の大きさが挙げられる。高速道路や自動車専用道路、駐車場、さらには生産工場など枚挙にいとまがないほどで、歩行者のための空間と比較しても極めて大きな占有率である。自動車の歴史は、いわば歩行者を排除してきた歴史でもある。

それがここにきて、ようやく歩行者へ眼差しが向けられようとしているのか。エネルギー問題とも関連して、歩行者にやさしい都市空間のあり方が模索され始めている。課題は、単に自動車を排除するということではなく、新しい交通手段のあり方を示すことでもあるが、容易には解決の道は見いだせないのが現状である。その問題が日本の都市再開発の現状にも端的に表れている。

筆者が最も評価しているのが、自動車を地上から極力排除して地下に集約した、東京駅の丸の内駅前広場である。あの広大な広場としての広がりは、皇居前広場と相まって、東京駅の存在を際立たせている。

一方、渋谷駅周辺の開発はどうだろう。渋谷は、世界的に知られるスクランブル交差点のある街である。ＪＲに私鉄や地下鉄、バスターミナルなどに加え、さまざまに交差する道路が、くぼ地という渋谷の地形の特性と相まって、昔から複雑な都市空間を形成していた。現在も大規模な開発が進んでいるが、街の活動を止めることなく事業を進めることが、途方もなく困難なことは想像に難くない。

しかしながら、いくつかの大型ビルを軸に進む開発は、歩行者のための連携への配慮は見られるが、何よりも広場のような空間がないことが気になる。そのために、迷路のような立体性がより複雑になっている。広がりがあって全体を望める場所が都市には必要なのである。それが都市の広場なのである。人にとって、平面の水平移動は容易であるが、立体的な移動にはよほどの注意力をもって挑まなければ、迷路性にとらわれてしまうことになる。

なぜ、渋谷のスクランブル交差点が世界から注目されているのかというと、あれほど多くの人が、一度に道路をクロスして移動している風景に驚かされるからである。車社会を象徴する、６本の道路が交わる交差点に発生する群集の姿こそが面白いのである。それは車社会をあざ笑うような交差点での出来事である。

いまや都市空間の稠密《ちゅうみつ》性は避けては通れないのかもしれないが、時代は変わりつつあることを知るべきではないのだろうか。過剰な投資と利潤を生み出す経済性という観点だけでは、もはや都市は成立しなくなり始めている。人のためのゆとりある都市空間とは何かを考える時代なのである。ＳＤＧｓに生きる意味とは、まさに歩行者中心型都市空間へのウェルネス賛歌なのである。

社会の過剰な期待が生む監視社会

2022年5月24日

現代のデジタル情報社会とＡＩ（人工知能）の進化は、驚くべきレベルに達している。気候変動や経済予測、企業の経営戦略や商品開発、そして宇宙へのさらなる扉を開くような期待が持たれている。身近なところでは、顔や指紋、あるいは音声による認識、ロボットを使った作業の推進、さらにはディープラーニングや医療におけるＡＩ診断、自宅の空調機や家電制御など、多様な分野で進化し始めている。

将棋や囲碁の世界でも人間との競争が話題になっているが、わが建築界では、建築のデザイン、構造、設備に関する問題解決で人知を超える能力を駆使できることが、いまや常識にもなりつつある。こうしたＡＩの活用は、どちらかというと創造的側面である。

——監視を許容する社会／現代社会におけるＡＩの本質——

しかし一方では、ＡＩの負の側面ともいえる事実を知る必要はあるように思う。いわゆるプライバシーや人権の侵害である。米国のジャーナリストであるジェフリー・ケイン氏による最近の著書『ＡＩ監獄ウイグル』（濱野大道訳、新潮社、２０２２年）は、中国新疆ウイグル自治区におけるその現実を赤裸々にあらわしたレポートである。

推定１８０万人ともいわれているウイグル人、カザフ人、イスラム系少数民族の人々が、中国政府から都市活動は無論のこと、家庭の中までも監視され、かつ自警団といわれる監視体制が敷かれるという驚くべき監視の目の存在が描かれている。ＡＩによって組織的に構築されている監視の実態の恐ろしさである。あたかもＡＩが「牢獄のような場所」での暮らしを生み出しているということであろう。

翻って、現在の多様性を受け入れている都市社会においては、さまざまな犯罪や危険な場面が想定されており、その対処が必要だという前提で成り立っているという現実も忘れるわけにはいかない。それだけに、人々を監視するシステムの構築は避けては通れない。ある意味で、現代社会は人間を分類・選別し、統御する情報網による権力構造の上に成り立っているからである。安全性、効率性、利便性、そしてリスク管理という名目で、現代社会が個人情報を絶えず収集し続けることに対し、われわれ自身もそれを許容してもいる。すなわち、社会そのものには監視というプロセスが内在しているということである。ロシアが、プーチン政権のいう「自国の安全保護」の名目で、ウクライナ侵攻を行う「国家の正当性」をつくり上げてきた事実を見ても明らかである。

――問題を自覚し目的の共有を／ＡＩはＡＩを制御し得るか――

カナダのクイーンズ大学の社会学者、デイヴィッド・ライアン教授によれば、「社会が社会であるためには、それらの人間の間には何らかの有機的かつ継続的関係が成立する必要がある。そしてデジタル情報網が生み出している権力編成の本質がまさに現代社会なのである」という。そこにあるのは相互の信頼だという。しかしながら、現代社会においては、その多様性・複雑性ゆえに、この構造に歪みが生じている。

大切なのは、問題は何かということを自覚的に考えることである。そしてそれを理解するには、先に示したように、現代社会を支え、発展もさせてきたわれわれの願望や欲求が、一方ではまさにその裏返しとして、現代社会に監視を期待しているということを認識する必要がある。監視への期待は、むしろわれわれの方にあるということを自覚して、監視する立場の存在を明らかにすることである。監視の目的を社会と共有して、社会の納得を得ることである。そこにこそＡＩへの期待と可能性が開かれるというものだろう。

また、当然なことではあるが、例えばＡＩが犯罪者に知恵を与える側に回れば、監視の問題を越えて、社会秩序を崩壊させることにもなる。とりわけ現在のネット社会では、見えないプログラムによる攻撃で社会秩序を狂わせることが可能だからである。現在ではサイバー攻撃が日常化している。そこにこそ、現代社会の問題が見え隠れしているということである。そして、ＡＩがＡＩを制御し得るのかという、さらなる問題が浮上している。知能の高いＡＩとは何かという問題に発展するだろう。

――限りない欲望が監視を強化／問われる人間のエゴと知性――

さて、こうしたＡＩの問題にはいくつかの側面がある。いずれにしても、それを行使するのは人間である。自らの欲望を強めれば強めるほど、監視という側面は強化されざるを得ないのである。無論、監視という活動は、その使い方次第ではさまざまな利点があり、社会秩序を守るための武器になることは明らかである。ただそれゆえに、最後に問われるのは人間の知性であり、限りない欲望を求め続ける人間のエゴなのである。いまその問題が問われ始めているのである。それはまさに現代文明のあり様に対する問題提起でもあるのだろう。

その一つの現れがロシアによるウクライナ侵攻である。さまざまな情報が飛び交う社会にあって、まさに負の側面が表面化してきた典型的な事例である。その過酷な戦況は世界に監視されているが、その監視の先に何ができるのかが不透明な状況となっている現実こそが、まさに現代社会の本質を表しているのではないだろうか。

グローバリズムが世界に浸透する中で、限られた一人の人物が持つ独裁的権力に問題を絞っても、容易に解決できない状況こそが、コモン（共通）の秩序の構築が困難だという現代社会が抱える本質を示している。

脱炭素社会と炭素でつくられている人間

2022年5月11日

ことしは4月から夏の兆しがあって、夏日が続くなど異常気象である。そのような時には、さわやかな冷たい飲み物がのどを潤してくれる。炭酸飲料のお世話になることもしばしばである。

さて、カーボンニュートラル社会がいわれるようになって、どれほどの時間が経っただろうか。ＳＤＧｓがこれからの社会の標語のようにいわれ、社会全体で環境問題に取り組む姿勢が当たり前のようになってきた。すなわち脱炭素社会を迎えようとしているのである。いうまでもなく、CO_2は二酸化炭素、すなわち炭酸飲料に入っているガスである。CO_2は気候変動の元凶と考えられている。もちろんCO_2ばかりではない。例えばフロンガスは温暖化だけでなく、地球を強い紫外線から守っている成層圏のオゾン層を破壊している。いずれにしても、環境破壊により、人類の文明の発達により発生する大量のCO_2を、地球が吸着できなくなってきたということである。

地球環境の保全のためにCO_2の発生を抑えること、そして地球のCO_2吸着性能を高めるために自然界の回復を図ることが求められている。さらに、これから開発しなければならないのは、CO_2を吸着する素材や装置の開発であろう。


しかしながら、そもそも人間を含むすべての生命体は、カーボン、すなわち炭素でできている。筋肉を形成しているたんぱく質も、エネルギーとなる炭水化物も、すべて炭素を基本として組み立てられているのである。いわば、炭素なくして生命は存在しないのである。動物は食物として炭素を取り込んで体を形成する。また、食物は人間の体を通って燃焼され、CO_2として体外に排出される。そして、われわれを取り巻いている有機化合物は炭素を含んでおり、炭素原子が共有結合で結び付いた骨格を持つものなのである。

すなわち、生物は炭素を取り込むことにより生命活動を維持し、代謝活動の中でそれを吐き出し、環境に炭素を循環させているのである。

とはいえ、人間が取り込むのは有機化合物としての炭素であるが、吐き出すものはCO_2である。これだけでは炭素の循環は成り立たない。ただCO_2が増えるだけである。CO_2を植物などの光合成によって有機物として固定されることで、初めて炭素の循環が成立する。そうした循環があったからこそ地球は現在見られるような環境を形成してきたのである。地球環境の劣化は、そうした循環の輪が機能しなくなったことを意味している。

炭素はわれわれの生活には本来欠かせない存在である。その意味では、それを忘れたような「脱炭素」という言葉には大いに違和感がある。単に炭素を悪者に据えるのではなく、地球環境の中での、あるいは生命体の中での、全体を司る代謝システムの中での役割を考えねばならないということなのではないか。

もちろん、暑い日の炭酸飲料を諦めるのはなかなかに難しい問題ではある。改めて、炭素の持つ意味の理解を深めて、脱炭素社会とは何かの議論をしてもらいたいものである。

二つの場所の芸術と感動

2022年5月2日

ロシアによるウクライナ侵攻により、世界全体が先の見えない戦争への入り口に差し掛かっているようだ。そうした状況下にあって、ウクライナの焦土に、一人の主婦が一輪の赤いチューリップを植えている姿が放映された。彼女はせめてもの心の慰めだといっていたが、美しい花の存在が一時の安息をもたらし、自由な世界を解き放ってくれるのであろう。その映像は、美しさを超えた感動を世界に伝えた。

いま、日本では東京・国立新美術館でニューヨークの「メトロポリタン美術館展」が開催されている（２０２２年２月９日～５月30日）。西洋絵画５００年と銘打っているように、同美術館の膨大な収蔵品から厳選された名画65点が展示される。日本初公開の作品も多数あって、日ごろ目にすることができない作品群と対峙できる喜びがある。

一方、瀬戸内海の島々では、同年4月14日から「瀬戸内国際芸術祭」が開催されている。3年に一度開催されるこの芸術祭は、瀬戸内海に点在する小さな島々でアーティストが、自然とともにある芸術作品を設置して、島全体があたかも芸術作品であるかのような光景をつくり出している。かつてはひなびた漁村だった島々での現代アートのフェスティバルである。会場である香川県直島には、安藤忠雄氏設計のベネッセハウスミュージアムや地中美術館があり、まさに芸術の島といった趣を出している。参加作家は幅広く、草間彌生氏や横尾忠則氏、李禹煥氏など国内外に及ぶ。今回で5回目となるが、前回の延べ来場者は100万人を超えたという。海に浮かぶ島々であるがゆえに、目的地には船で行くしか手段がないにもかかわらず、こうした盛り上がりを見せる理由はどこにあるのであろうか。

それこそが、まさに芸術の力なのである。それぞれの芸術作品が島特有の景観に調和してさらなる感銘を与えてくれる。作品から放たれる影響力が、あたかも世界を包み込み、ついには島自体も芸術になる。瀬戸内に咲いた壮大な美術館の誕生である。

「瀬戸内国際芸術祭」は瀬戸内の海と島々という空間を背景としているが、一方の「メトロポリタン美術館展」は、美術館で開催されている。そうした違いはあっても、芸術の力はそれぞれ異なる場所や空間においても発揮されるものだ。単にそれは美しいことだけではない。それが置かれた場における感動なのである。絵画は、美術館という場に置かれるが、その空間との相互関係により与える印象が異なることだろう。芸術においては、芸術作品が置かれる場の場所性も大きな意味を持つのである。

その意味で、冒頭に述べたように、地獄絵と化したウクライナの風景の中で、一人の主婦が一輪のチューリップを植えているという光景は、花の美しさと一体となった一つの映像として、われわれに感動を与えるのである。これを芸術と呼ぶことはできないのかもしれないが、単に美しいということだけが芸術ではない。心に問いかける背景と場所性の中での感動、それこそが芸術なのである。

サード・プレイス

2022年4月27日

新型コロナウイルスは変異を繰り返しながら、現在でも猛威を振るっており、依然、先の見えない状況にある。日常生活でも人が集まって行動することはもちろん、移動することに対してもさまざまな制限が増え、自宅にこもりきりの状況に甘んじるほかないところにまで追い詰められている人も出てきている。その結果、人間の原点となる行動や思考が妨げられているように感じる。

いまやネット時代であり、大きな行動を伴わなくても、世界中から情報を手に入れることは極めて容易である。しかしながら、機械的に簡単に入手したデジタル情報というものは、入手した時の特別な思いや感情に彩られたものではないように思われる。すなわち、情報には2種類あるということだ。いわば「生身の情報」と「情報としての情報=無機的情報」である。ネットで入手する情報の多くは後者の情報であろう。

さて、多くの人は日常的に、自宅と職場、あるいは学校などとを往来する生活を送っていることだろう。二つの拠点を行き来することで、それぞれの場所での行動が思考の原点となっているわけであるが、いまやそれすら制限がかかり始めているのである。

ところで、グローバル社会に期待されていたのは、単にＩＴを通じてインターネットでつながるということだけではなかったはずだ。世界を縦横無尽に移動し、世界中のあらゆる人や社会に触れ、思考の幅を広げることも期待の一つであったのだと思う。人は多くの居場所を持つことができれば、それだけ思考の幅を広げ、豊かさを享受できるということなのである。

そうしたこともあって、日常生活においても自宅と職場や学校以外の居場所、すなわちサード・プレイスの重要性がいわれ始めている。例えば、異業種が集まるサテライト・オフィス、あるいはスポーツクラブや趣味の同好会のような集まりの場所である。もちろん別荘でもいいし、時には図書館でもいい。異なる居場所にいることによって刺激を受けるということである。それぞれの場には、それぞれ異なる環境があって、受ける刺激は多様になり、出会いの意味も大きく変わるのである。

国際的に活躍する人であれば、海外にも拠点を持つことができるだろう。そうした場所のつながりは、社会の複雑化に伴って、ますます必要不可欠な意味を持つことになる。

筆者はかつて、二住居所有という考えを提唱した。第二の住居を持つことによって、災害時の避難場所というような実用本位の話だけでなく、異なる環境での出会いや交流など、移動することの意味と合わせて、人生の豊かさを高めることになるからである。こうした第二の住居、それもいわば第三の場所なのである。

第三の場所、すなわちサード・プレイスの確保は、時代の要請のような意味を持っている。ネットの時代であるがゆえに、多様な「場所を持つ意味」があるのである。人間が過ごす場所が多様であり、空間の選択肢の多さが求められる時代ということである。

メタボリズム（代謝）を考える

2022年4月18日

いまや世界では、ＳＤＧｓの掛け声一色といった感がある。持続的な開発目標といえば聞こえは良いが、そもそもは、人間自らの行動、すなわち現代文明の発展の名の下にまき散らしたさまざまな害悪が引き起こした気候変動問題に対する応答にほかならない。そして、経済システムのうちで覇権を唱えることとなった資本主義も地球環境を大きく歪めてきた。地域の格差や貧困の問題にも気候問題は関係しているといえる。

その意味では、環境問題というものは、富の配分の不均衡という極めて資本主義的な構造にも一因があるように思われる。もちろん、富の再配分が地球環境への特効薬というわけではないが、格差が地域の乱開発の問題ともつながっていることを忘れてはならない。

さて、１９６０年に黒川紀章、菊竹清訓、槇文彦、大高正人などの若手建築家と、建築評論家の川添登、デザイナーの栄久庵憲司、粟津潔らが集まって始めたのがメタボリズム運動であった。当時、高度経済成長を背景として、人口は増加の一途をたどっており、それに合わせて都市の拡大も著しい時代であった。そうした膨張する一方の社会に対して、都市や建築が、新陳代謝（＝メタボリズム）を進めることで対応しようと考えたのであった。ある意味では、社会の右肩上がりの成長を基調にしながらではあるものの、建築や都市のあり様に対して、従来の思想から脱却しようという運動であったといえる。

一方、現在は、経済成長も頭打ちとなり、人口も減少の局面に入り、さらには気候変動による環境問題など、地球的な危機が目の前に迫っているような状況である。その上、新型コロナウイルス感染症やウクライナ問題など緊急事態も生じている。

これだけ時代背景が異なっていても、基本的に共通しているのは、まさに新陳代謝という考え方であろう。新陳代謝というのは生物が生命維持のために行う化学反応のことを指すが、生物界だけではなく、自然現象一般や社会現象にも共通して援用することができる考え方でもある。すなわち、さまざまな世界の中で、古いものが新しいものに取って代わられていくということである。

こうした変化が都市や建築の世界にも不可欠だとしたのが、まさにメタボリズム運動だったのである。いまにして思えば、その名の由来となった新陳代謝のごとく、現代のＳＤＧｓにもふさわしい活動といえるのではないだろうか。

時代がどのように変わっても、重要なことは、構成要素が非連続的に入れ替わって新陳代謝を行いながら、社会全体としての恒常性を保持しながら持続していくということである。別の側面から見れば、それはそのまま循環型社会を進めることにも通ずる。

誤解を恐れずにいえば、ＳＤＧｓとは、いうなれば、少ないエネルギーや物質で最大の効果を発揮できるよう、メタボリズムを促進させながら生きるということなのである。人間も同様だ。生命維持の基本はまさに新陳代謝なのであるから。

サイズと単位性について考える

2022年3月30日

最近の建築を見ていて、単位性について考察されていることがどれほどあるのだろうかと思うことがある。それは人間を物差しとした行動基準である。われわれの生活は基本的に自分たち人間の物理的な身体を基盤として成り立っていることはいうまでもない。例えば、フィートや尺という単位は、人間の身体部位や行動に基づくものである。

建築や芸術の分野でも、古代ギリシャの黄金分割や、それを基にしたレオナルド・ダ・ヴィンチの人体比例の図など、人類は自らを基軸とした単位とその比例関係を用いた成果を多く残している。近代に至っては、ル・コルビュジエが、かの有名なモデュロールという概念を発表し、建築と構成部位の関係に人体の比例関係を持ち込んだ。日本でも戦後、建築生産の工業化を進めるに当たって、モデュールの概念は極めて重要視され、多く活用されてきた。

話は飛躍するが、動物の寿命は、その大きさにほぼ比例して長くなるように見えることを不思議に思っていた。なぜネズミのような小さな動物は短命で、ゾウのような大きな動物は長命なのか。脳科学者で福岡国際医療福祉大教授、長崎大名誉教授の森望氏がある文章で、サイズに関するパラドックスを述べておられる（「脳の中の寿命遺伝子」、東京理科大学科学フォーラム、２０１０年６月号）。動物の大きさと寿命が比例関係にあるのは事実なのだが、それは身体の大きな動物は、成熟までにそれだけ時間が必要になるということでもある。成長に時間がかかれば一生も長くなるということだ。

そして、ここからがパラドックスである。異なる種で比較すれば、身体の大きさと寿命の長さはおよそ正比例するのだが、同じ種に限ってみれば、不思議なことに、身体が小さい個体の方が、大きい個体より長生きするというのである。氏は、環境に適応するためにはサイズが大きくない個体の方が、ストレスに対して有利であるからではないかと推測されている。つまり、生物の体の大きさと寿命の長さの関係は、何を比較対象にするかによって、正反対のように見える結果が出るということなのである。

ただし、哺乳類では体重よりも脳の大きさの方がより寿命に影響するのだという。例えば、哺乳類の中でも脳が発達している霊長類の寿命は長い。中でも人間は特に長寿で、チンパンジーに比べて約3倍長生きなのだが、面白いことに、脳の大きさも人間の方が同じくらい、つまり3倍ほど大きいのだという。氏によれば「頭でっかちな生き物ほど長生きになった」ということである。

今回、身体のサイズ単位性を問題として取り上げたのは、われわれが使っている単位の元となった身体の物理的寸法が、細胞や脳の働き、そして代謝問題とも深く関係していることが判明してくると、単位それ自体にわれわれが与える意味や、感じ取る概念が大きく変わっていくのではないかと思われるからである。これがデジタルや素粒子の時代という、われわれを取り巻く環境の違いであろうか。

新しい資本主義とは

2022年3月28日

21世紀には死語になったと思われていた「ジェノサイド」という言葉が、いま再び現実になりつつある。ロシアのウクライナ侵略である。ジェノサイドとは、国家や民族などを破壊しようとする大量虐殺のことであるが、今日このようなことが実際に起こるという悪夢ともいうべき事態である。

いまや世界は、民主主義的資本主義の下にグローバル化を実現し、発展してきたように思われている。デジタル技術の革新に伴うさまざまな変化など、資本主義の新たな局面に踏み込んできたことはたしかである。しかしながら、グローバルに拡大した資本主義は、より深刻な格差や貧困などの状況を生み出してきたのである。現実に、富はごく一部の富裕層に偏るからである。

例えばロシアでは、プーチン氏を取り巻く一部の富裕層、すなわち「オリガルヒ」といわれる存在がある。プーチン氏とオリガルヒは、権力を維持するために支えあっている構造なのである。それがロシアという国の本質なのか。一方、民主主義を標榜している米国でも、極端なほど一部の富裕層に富が集中している。同様のことは企業にもいえる。トリクルダウン効果によって、富は下流に流れ落ちて、自然に富が分配され、豊かさが行き渡るということをいっていた人がいたが、あまりにも安易な発想ではなかったか。

そうはいっても、われわれは、資本主義に代わる新たな考えを創出できていない。岸田首相はそうした事態に対して「成長と分配の好循環」による「新しい資本主義」を掲げて首相の座に就いたが、何をもってすれば成長と分配の好循環が実現できるのかは、いまだ明らかになっていない。原資があって、そこから利潤を生み出す構造が資本主義の本質である。それに対し、分配が前提になれば、利潤が期待できなくなるのではないか。成長もなくなるだろう。

例えば、あるアイデアや行為が利潤を生み出した場合、その利潤をどのように分配するのか。税金や賃上げなどさまざまな手法はあるだろうが、そのような手法では、容易には富の再分配という問題の本質に迫ることはできないだろう。

また、技術革新の成果が広く行き渡ることは文明の進化であり、文明の発達の指標ともいえるだろうが、それがそのまま資本主義経済を指すことにはならないし、それが直ちに成長や分配につながるわけでもない。ただ、技術革新は、しばしば社会の欲望を満たしてきた以上、社会もまた技術革新をそのように利用してきた。それだけに、現代文明がともすれば、過剰なモノであふれ、利益を生み出してくれるニッチを探すことに躍起になることは、ある意味では当然であろう。

しかしながら、それは次々にあふれ出るモノに需要が追い付いていない状況である。そこからはみ出たものは淘汰される運命にある。そうした動きは、現代資本主義の避け難い構造的矛盾なのである。新しい資本主義とは何かという着地点の見えない問いの意味していることを改めて考えたい。

誤算

2022年3月24日

誤算は遍在する。何かを行うとき、自らの予測に反して想定外の事態が起こるのはよくある話である。こうした誤算は個人においても、社会においても、そして国家の舵取りにおいても起こり得るものだ。大事なのは、起こってしまった誤算をどのように乗り越えて行くのかということだ。しかし、それが国家レベルともなれば、膨大な人員やコストがつぎ込まれた以上、単なる読み違いや計算違いにとどまるものではなかろう。

ウクライナ危機がどのような結末を迎えることになるのか、鎮静化して元の状態に戻ることはあるのか。それはひとえにロシアの決断にかかっているはずだが、ウクライナの徹底抗戦、欧米諸国の結束による経済制裁など、ロシアの思惑はことごとく外れはじめている。

侵略、そして戦争の中で、まず優先されるべきは人命の問題だが、その次はエネルギー問題である。グローバル社会においては、産業も生活も、国境を越えてつながり、切り離せない関連性が構築されている。地球環境問題もしかりである。

ロシアのウクライナ侵略による大きな影響の一つは、世界のエネルギー供給網が狂い始めたことである。予測されていなかった誤算の連鎖から起こった事態であろう。

ドイツをはじめとする欧州のエネルギーは、ロシアからの天然ガスに強く依存している。こうしたことから、欧州とロシアの双方が、今回の侵攻について互いに甘い見通しをしていた節がある。しかしながら、ドイツは、工事が完成し、稼働を待つばかりだったロシアからの天然ガスのパイプライン事業「ノルドストリーム2」の承認を無期限停止とし、さらに英米はロシア産の原油等の禁輸を表明するなどしている。

こうした事態は、欧州だけの問題ではない。世界各国のエネルギー政策の根本に関わる問題でもある。そのため、各国は今後のエネルギー戦略の見直しを迫られることになった。

日本のロシア産エネルギーへの依存度は、天然ガスで9%、石油では6%ほどと高い割合ではないが、それでも、その分を他国から代替できるという見通しは立っていない。そうなると、原発など、その他のエネルギー供給源に頼らざるを得ない状況にもなるだろう。

特に、脱原発を標榜してきたドイツが、この状況下で当初の目標を達成することは難しくなるはずだ。それも一つの誤算である。

誤算は至る所に存在する。グローバル社会においては、もはやこうした誤算は付きものということなのだろうか、世界の至る所、誤算の渦中にあるのか。

一方で、現在ロシアに占領されているチョルノービリ原発や福島第一原発での事故のように、原発事故は世界の脅威となる。ここで重要なことは、当面頼らざるを得ない原発の今後の扱いや、将来的な再生可能エネルギーへの転換、あるいは世界各国でエネルギーを共有し、適切に分配することなどが可能なのかということであり、グローバリズムのあり方も問われることになる。この困難な課題に対する次なる誤算は、何を引き起こすことになるのだろうか。

いま問われる「社会」の強さ

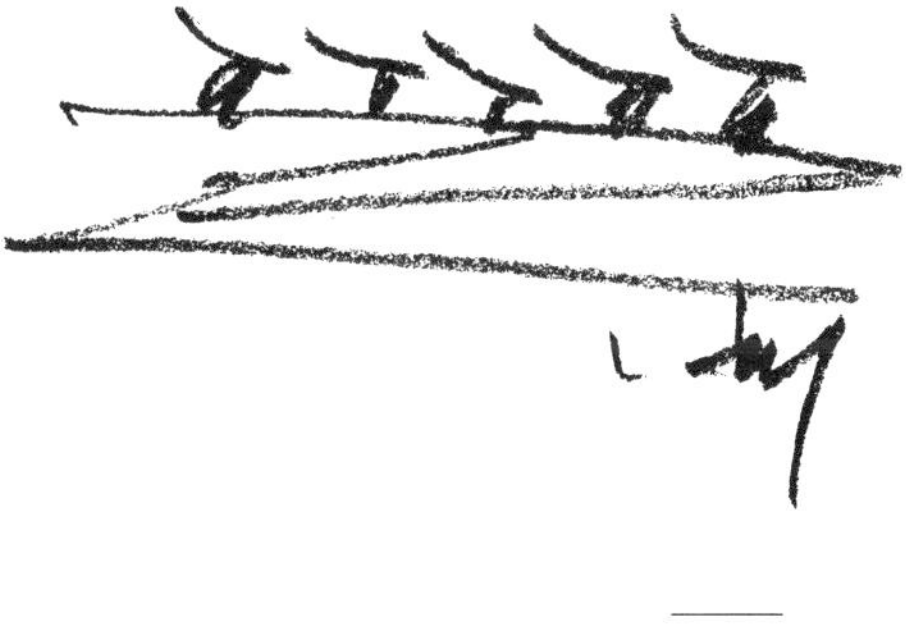

2022年3月23日

　いま世界は、ロシアによるウクライナへの軍事侵攻が、世界戦争へと拡大する恐れすらある状況に直面している。事態はロシアとウクライナから西欧に至る局地戦にとどまるようなことではなく、多くの問題を含んでいるからである。それは例えば、渦中にある古くからの領土問題や政治的対立に加え、エネルギー問題など、一様には見ることのできない複雑な問題である。

――ウクライナ問題の最大の当事者とは――

しかしながら、中核にあるのはロシアという国の威信が西側に飲み込まれるという危機感に基づく構図である。それはそのままロシアの権力構造、すなわちプーチン政権の権力が脅かされるという恐れに起因する問題ではないか。ありていにいうなら、目下のウクライナ問題における最大の当事者はロシアという「国」というよりも、その国の中で唯一といってもよい独裁的な権力を誇り、国家を体現する首長、すなわちプーチン氏ただ一人という歪《いびつ》な状況なのではあるまいか、ということである。そして、そうした人物に卓越した権力を与えているロシア社会は一体何をしているのか、ということでもある。

こうした国家と社会の関係について、未開社会の研究から、社会が実は国家に抗する存在なのではないかと示唆するのが、若くして亡くなったフランスの人類学者ピエール・クラストル（1934―1977年）だ。彼は、構造主義人類学で知られるレヴィ＝ストロース（1908―2009年）の下で未開社会について学んだ後、政治人類学に転身し、活躍の最中の1977年に交通事故により命を落としている。

主著『国家に抗する社会』（渡辺公三訳、水声社、1987年）に見られるように、クラストルは権力の問題を追求してきた。権力といえば、同じくフランスの哲学者、ミシェル・フーコー（1926―1984年）が思い起こされるが、ここでは最近出版されたクラストルのインタビューを収録した『国家をもたぬよう社会は努めてきた』（酒井隆史訳、洛北出版、2021年）を基にして考えたい。

そう考えたのは、いま「国家に抗する社会」の存在が極めて大きな意味を持つと実感したからである。ウクライナがロシアの侵攻によく抗し得ているという事態は、ウクライナという「国家」ではなく、ソ連崩壊後に自由主義的な意識が浸透したその「社会」の強さに起因するのではないかとの思いを抱いたからでもある。

もちろん、ヨーロッパ諸国も米国も、ロシアと同じく一つの国家であるが、そこにある社会の様相が異なるのではないか。社会のあり様が政治的権力にどのような影響を与えるのか、それが今回の騒動の根底にあるように思う。

――国家を持たぬ社会、自由の喪失避ける――

それでも、いかに国家という存在が強制的な権力構造を張り巡らせているのかを知ることは重要なことである。しかしながら国家と権力は同一ではない。では権力はどこに由来しているのか。未開社会において、権力を持つのは首長だというわれわれの先入見を、クラストルは逆説的に否定する。むしろ首長だけが義務を負わされているのだ、と彼はいうのである。では未開社会がなぜ、国家という形式を持たないようにしてきたのか、この問いかけにこそ、クラストルの議論の本質が示されていると思う。ひとたび支配と服従の関係が構築されれば、人間は自由を失う。彼によれば、支配と服従により社会が断絶されたこと自体は、たとえ偶発的な出来事であったとしても、自由の喪失はすなわち人間性の喪失である。そうした自由の喪失を避けようとする本能的な営みが、未開社会における権力の脱中心化にあるというのである。

――容易に転化する情熱、都市は権力の象徴か――

しかしながら、仮に社会が「国家をもたぬよう努めてきた」のであったとしても、いまや国家はあからさまに現前しているし、クラストル自身も「決して国家以前の時に戻ることはない」と述べている。ただし、そうした状況にあっても未開社会の考察や研究は「わたしたちの社会で起きていることがらについての思考の糧になることもうたがいえない」。だからこそ、ここからわれわれがくみ取ることができることは多いのだろう。

クラストルの権力に関する鋭い指摘は都市にも及ぶ。「都市、そして都市と田舎の区別は、国家の登場にともなって、そして国家の登場以後に、あらわれます」と彼は述べている。権力者が住まうところがすなわち国家の中心となるということだ。無論、この指摘を俟つまでもなく、都市や建築は権力との関係が濃密になりがちである。典型的な例として、ヒトラーの構想した、ほとんど誇大妄想的な「ゲルマニア計画」や、スターリン時代に構想された「ソビエト宮殿」が挙げられるだろう。

特に「ソビエト宮殿」のコンペには、ル・コルビュジエら錚々《そうそう》たる建築家が参加したという事実を忘れてはなるまい。建築家としての情熱から発したものであっても、そうした情熱が、権力との蜜月への志向へと容易に転化しがちであることは、アルベルト・シュペーア（1905―1981年）を見るまでもないことである。そして、ヒトラーとスターリン、この二人の独裁者は、奇しくも、昨今のプーチン氏がなぞらえられることの多い人物であることはとても示唆的であるように思う。そのプーチン氏が率いるロシアは、クラストルの見方によれば、社会が国家に抗しているのではなく、国家が社会に抗しているのだと見ることができるだろう。

――張り巡らされた権力と国家・都市・建築――

いずれにせよ、都市がそうした権力の象徴として見られるならば、都市を構成する建築も権力の象徴の片棒を担いでいると見られることはいうまでもない。注意しておかなければならないことは、われわれは、たとえロシアのような専制主義的権力構造とは異なる社会に身を置いていたとしても、安心はしていられないということだ。

いかなる形であれ、強制的権力は網目状に張り巡らされ、われわれをからめとり、ややもすれば支配・被支配関係を強化しようとする。われわれは、壮大でドラマチックだが自由のない都市を求めるべきなのか、それとも自由で闊達《かったつ》な都市のあり様を求めるのか。そうした社会の闘争は、都市・建築のあり様にも迫ることになる。

設計プロポーザルの変節

2022年3月18日

建築設計の発注方式として、プロポーザルという方式が一般化して30年ほどになるだろうか。プロポーザルは、公共施設の建築設計の発注に際して、それまでまかり通っていた設計料の多寡だけで決める入札方式への批判を受けて、通常の設計競技（コンペ）のような、膨大な作業量を伴う方式ではなく、提案者に軽微な負担で企画提案を示してもらい、ヒアリングを通じて、提案者の能力と提案の骨子を読み取り、設計者を決めるというものであった。簡易であることと、国が主導してきたことにより、地方自治体をはじめ、官民問わず設計競技からプロポーザル方式に移行してきた。それでも公共建築の大半は、いまだに入札によって決められているのが実情である。

その結果、プロポーザル方式であるのに設計料を併記させて、アイデアだけでなく価格面でも優劣を決めることが日常化している始末である。

プロポーザルの趣旨は本来、アイデアの基本的概念を示してもらうことにより、提案者がプロジェクトを適切に進めることができるかどうか、その能力を見極めたいという発注者の思いが反映されたものだと理解してきた。同時に、建築というものの社会的な役割の重さを軽視するかのような、費用の多寡だけで決めるという入札方式に決別せんとした意志の反映だったはずである。

しかしながら、プロポーザルのアイデアと、入札という金銭的多寡の両方で判断するという極めて〝ずるがしこい〟方式がまかり通り始めているのが現実なのだ。発注者の姿勢はもとより、設計者の姿勢にも問題が少なくない。設計者は受注にこぎつけたいという思いから、必要以上に設計料を下げる傾向になる。そうなれば、発注者は、アイデアの良し悪しもさることながら、設計料が低廉な提案者を選ぶインセンティブが働くことになる。

こうした問題の本質は、やはり発注者の考え方にある。まず、発注者は計画する建築に何を望んでいるのかを明確にさせる「能力」を持つ必要がある。そして、提案をしっかり受け止める「覚悟」が不可欠である。さらに欲をいえば、提案されたアイデアが予算の範囲で可能かを見極める能力も備わっていなければばいけないだろう。もちろん、設計者もそうした説明ができるだけの根拠を持っていなければなるまい。

では海外の事例はどうだろうか。例えば中国の場合、国際的コンペでは、常にアイデアが優先される。規模の大きな都市的なプロジェクトになれば、最初に提案したコンペ案を基に、発注者と設計者が協議を重ね、アイデアの修正や調整を行いながら、工事費の見通しやコストの動きなどを踏まえ、工事費や設計料も決まるのである。中国でも、金銭の多寡だけが優先されるプロポーザルやコンペはないのである。入札を避けるという観点からプロポーザルでアイデアを募りながら、結局、設計料でも評価するというどっちつかずの発注方式は、設計者を混乱させ、本当に優れた案を選ぶという姿勢を鈍らせる悲しい現実であることをいいたい。

集まることからすべてが始まる

2022年3月1日

新型コロナウイルス感染症が流行するようになって、はや2年を超えようとしている。この間、人の移動や接触が制限され、直接対面して、声を出して交流する機会は極端に損なわれてきた。仕事の場だけでなく、教育の場においてさえ、いまや国を挙げてリモートによるコミュニケーションが推奨されているような状況である。インターネットが普及した現代社会では、当然の成り行きだとする意見も多い。

しかしながら、実際のところはどうであろうか。リモートで真のコミュニケーションが成り立つものなのであろうか。人間の創造的な活動は、単に情報のやりとりだけで生まれるものではないはずだ。真のコミュニケーションがなくては、人間が生きるということの究極的な意味を見失いかねないのではないか。そこには日々の他愛ない雑談に始まる直接対面の交流があり、顔を見合わせることに意味があるのだ。

人が対面しながら互いに支え合うこと、それは、家族という関係にも表れている。家族であることの安心感は、精神的な絆ということもあるが、それ以上に、身体的にそばにいることから醸成されるものでもある。

無論、リモートによるコミュニケーションが意味を持たないというわけではない。即時的な情報伝達には、リモートが有効な場合もある。ここでいう問題は、偶発的な出会いや思いもよらない交流が生まれるためには、やはり人は互いに顔を合わせる必要がある。すなわち、人が集まるところには、そうした未知の可能性が無数に存在しているということなのだ。

リモートの可能性はデジタル社会という局面においては必然の流れではある。しかしながら、広く人間社会という側面から見れば、それは一つのツールに過ぎない。人は職場や学校など、多くの人が集まる場を通して、さまざまな「活動の動機付け」が起こるのである。

ここで特に職場について考えたい。人が職場で働いて、多くの人と交流することで、出会いが創造性を刺激することや、さまざまな活動の原点が見いだせるのである。オフィスの「場」ということの重要性が、コロナ禍の経験によって再認識されたということではないだろうか。

オフィスがなくなるという声もあるが、リモートワークの隆盛を期待する向きの中で、人が互いに支え合うことの意味がどのように理解されているのだろうか。時代や環境の変化の一面だけを取り上げて、それを現在の社会全体に適用しようとする意見は危険ではないか。人間社会の本質は、人同士の直接的な交流から始まり、そしてそこにこそ社会という場の意味が生まれるという事実を強く認識する必要があるように思う。

これからの社会では、例えば図書館のような施設が、知的交流の場として存在し、多くの人が集まり、その集まりからさまざまなアクティビティーや交流の輪が広がることが期待される。集まることが、直接コミュニケーションを取ることが難しい昨今だからこそ、人が集まることで初めてことが始まるという事実に基づいて、物事を考えたい。

資産を売却する日本

2022年2月28日

コロナ禍によって、企業の業績が悪化している。日本では、特にインバウンド需要の大幅な低下による業績悪化は悲惨な状態で、関連する業界は悪戦苦闘を強いられている。日本のコロナ対策は海外に比べて極めて慎重で、政府も大きな決断を下さないまま、生殺しのような対策に終始するばかりで、みすみすオミクロン株の再流行という結果を招いてしまった。決断ができない政府には呆れるばかりである。3回目のワクチン接種率も、日本はOECD（経済協力開発機構）加盟国の中で最低という状態である。

さて、日本ではこうした状況に陥る以前から、いわゆる失われた30年の間にも、自らの資産や保有株の売却など、実質的に経営権を手放すことによって経営の安定化を図るという、苦渋の決断を下した企業が増えていた。日本を代表する企業であったシャープはもはや外資の傘下である。最近だと、東芝も分割と事業売却を進めているという報道がある。自動車業界では、日産とルノーとの提携が挙げられるが（現在は三菱自動車も含めたアライアンスを形成）、これもルノーの資本に依存する形で、実質の経営権を海外企業に譲渡したわけで、日本政府が自国の有力企業の存続にどこまで関心を持っていたのか、はなはだ疑問が残るものであった。

一方、このコロナ禍のあおりをもろに受けたのは、ホテルや百貨店などである。大苦戦の挙句、不採算店舗の閉鎖に追い込まれている。先日も、西武ホールディングスが国内の施設をシンガポールの政府系投資ファンド、ＧＩＣに売却するという報道があった。資産を減らし、経営効率を高めるための決定ではあろうが、売却によって何が残るのか。膨大な初期投資をして建設された資産が、海外の投資会社へ安価に売却される現実に、日本のいまを見ることになってしまっている。日本は海外に比べても金利水準が低く、相対的に高い投資利回りが見込めるという思惑が働いているのであろう。こうした状況にある日本の資産に、海外のファンドが目を付けていることはいうまでもない。同様な事態は他の業界でも次々に起こりつつある。米国の有名な投資ファンドであるブラックストーンなども日本の資産に目を付けているという話も聞こえている。
もっとも、バブル期には日本も世界中で不動産を買いあさってきた経緯がある わけだが、バブル崩壊後にはそれらの売却を余儀なくされた。同じような事態がこれからも起こるであろうが、こうした投機的行為だけが独り歩きする、現代の資本主義経済の現実を目の当たりにして、日本における資産の蓄積をどのように考えているのか、政府の考えが見えにくい以上、日本の企業も先が見通せないだろう。

既に述べてきたように、コロナ禍で事態が急速に動きつつあるが、海外ファンドに資産を売却して、経営を一時だけでも立て直そうとする動きは、いまに始まったわけではない。バブル崩壊は見るも無残な日本企業の衰退であった。そして、日本の優れた資産の売却。海外に依存する日本の未来。そんな悲劇は見たくない。

技術革新と自動車の未来

2022年2月17日

ソニーがＥＶ（電気自動車）分野に参入したというニュースには驚かされた。しかし、時間の問題だろうという思いもあった。ソニーの狙いは、単なる移動手段としてだけでなく、かつてのソニーが得意としていたエンターテインメントの分野を組み合わせて、いままでにない自動車の楽しみを提供しようと考えているようだ。

現在のガソリンや軽油を燃料とする内燃機関による自動車は、バルブやピストンなど、数多くの部品が組み合わさった複雑なエンジンが中心的な位置を占めている。それが電気モーターに置き換えられれば、まったくといっていいほどの違いが出てくることになる。しかも部品の数は10分の1にまで減るという。エンジンのような複雑な部品の組み合わせは必要なくなり、比較的容易に組み立てが可能な、まるで「模型のキット」のような存在になり、従来の内燃機関の技術は不要になる。

こうした考えは50年ほど前から存在していたが、ようやくそれが実現可能になったのである。今後も、次々に新規参入する異業種の企業が出てくるに違いない。自動車産業もやっと大企業独占の世界から解放され、独創的な花が多様に咲く時代に突入することになるだろう。

ディスラプターという言葉がある。これまでのビジネスモデルや秩序を打ち破るような破壊的企業という意味である。新規事業を行う場合、規制解除を座して待つのではなく、目的を持って、規制を突破する働きかけを行う手法ということだ。ディスラプションの波を起こすことができなければ、世界の流れから取り残されることは明白である。

しかしながら、EVの高性能化が実現できても、EVを自在に利用できるような都市インフラや道路環境の物理的、法的整備がそれに追い付くのかが目下の課題であり、普及のかぎである。日本では多くの規制と厳しい審査基準があって、海外企業の参入が難しい状況は否めない。中国など規制の少ない場所に研究所や工場を移し、できた製品だけが遅れて日本国内に導入されるということもしばしばである。

さらには、自動運転車の問題もある。受け入れるための新たな仕組みが整わなければ、それは成立しない。その意味では、トヨタ自動車が自動車の未来を示すために、富士山麓に新たな都市「ウーブン・シティ」を建設し、自動車と都市の新たな関係を構築しようとしている姿は極めて健全である。しかし一方、それを使う人間の欲望や期待がどこに向かうのかも大切だろう。ソニーのエンターテインメントという方向も一つの回答であろう。

自動車の発明は、都市の驚異的な発展に寄与してきた一方で、多くの問題を生み出してもきた。自動車は文明の狂気・凶器であるという極端な声さえある。新たな技術によって、そうした狂気・凶器の部分を解消することが可能なのか。あるいは自動車は本来的に都市に不要なものなのか。自動車の進化とともに、都市文明の未来がどこに向かうのか考えてみたい。

超高齢社会における都市構造

2022年2月16日

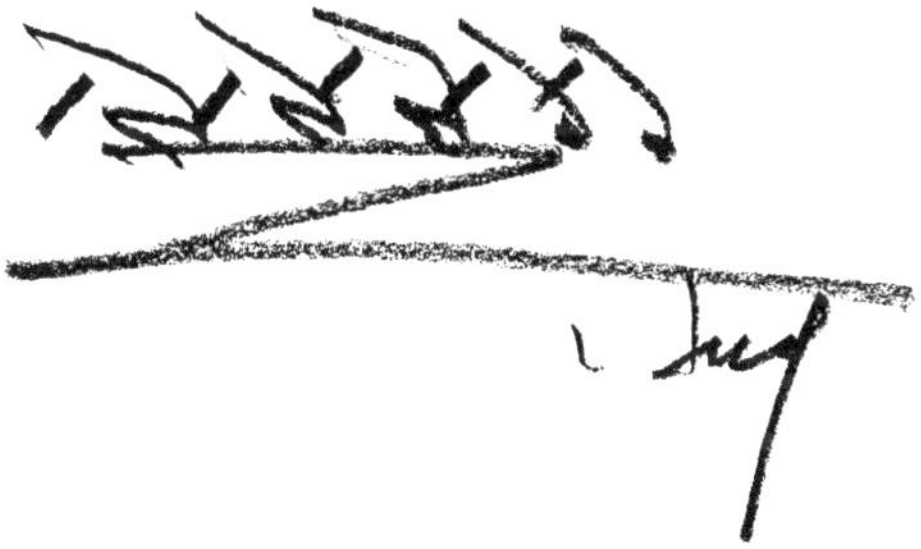

２０２０年の国勢調査の確定値では、日本の高齢化がさらなる勢いで進んでいることが分かる。高齢化率は前回の調査から2ポイント増の28・6％で、ほぼ10人に3人が65歳以上の高齢者となる計算である。若年人口（15歳未満）も減少の一途で、今回の調査では初めて12％を割り込んでいる。

一方、高齢者の住環境も大きく変わってきている。特別養護老人ホームのような介護施設や高齢者向け住宅などに移り住み、家族と離れて暮らすケースが増えている。また一人暮らしの高齢者も600万人を数えるという。そうした状況は家族という単位、さらには社会構成にもさまざまな影響を与えることになるだろう。核家族化が進行していけば、親子関係も変わり得る。年老いた親世代との同居の難しさや親子の断絶などは、既に長年の問題となっているが、民間の一部の介護施設による理想とかけ離れた営利主義や、職員の過酷な労働環境などの実態が明るみに出るなどして、近年、特に看過できない社会的問題になりつつあることを危惧している。

――家制度と高齢者施設の問題／変化する家族関係――

そうした親子の断絶をはじめとする家族関係の変化という現実と、どう向き合っていくべきか、社会の適切な対応と真摯な姿勢が求められている。

家族の継続性はいわば「家制度」にも深く関連する問題である。家制度自体は、かつては民法で規定されていたが、戦後すぐに廃止された。同時に家の主とされていた戸主もなくなっているが、家系や家柄といった家の概念は変わることなく、現代に至るまで社会のしきたりの中に色濃く残されている。それは夫婦別姓の議論を見るまでもないだろう。

そうした名残りを一概に封建制度の遺物であると一刀両断して済ますわけにもいかないが、現代の人権的観点から見れば、いずれ、社会的に容認されなくなる流れの中にあるといってよい。現代社会において個人は自由であり、基本的人権は保障されていることになっている。そうした社会において、自由であるべき個人が家の継続性に縛られるということへの懐疑がある。

家を継ぐことも個人の自由であるが、そうであるならば家から離れることも自由であるはずだ。家系や家柄がなくなればよいという極論を述べることはしないが、それでも、家系や家制度とは、他者からの差別化を図るための、自らが優れた家系だと考える血統を守るための閉じたコミュニティーだったのは事実である。

――家に代わる仕組み／地域社会が連帯を――

いずれにしても、個人が家や家系に縛られることがなくなるならば、それに代わる社会の仕組みが重要になることはいうまでもない。それはお仕着せの公的な支援によるものだけではない。そこで必要になるのが社会のコミュニティーである。いわば地域社会が連帯して、個人を支える仕組みである。

それはそのまま、老人ホームや介護施設の問題に直結する。ヨーロッパでは、老人を家族で見守ることができなくなれば、社会が見守るという制度設計が広く進められている。それは子どもに対しても同様である。子どもも老人も社会共通の財産であり、彼らに対して責任を負うのは親や子といった家族だけでなく、社会全体なのだという認識がしっかりと根付いているのである。

一方の日本では、そうした個人と社会の関係がまったくといっていいほど希薄なのではないか。公的な支援にはおのずと限界があり、また営利目的の企業にも任せきることが難しいならば、社会がそれを担保できるようにするほかないのは当然である。

いまやＩＴ社会の現実から離れることはできない。特に、近年ではＤＸ（デジタルトランスフォーメーション）によって、人間相互のコミュニケーションのあり様も大きく変わることになる。デジタル・ネット社会においては、日常的にもネットワークを通じた他者とのつながりが広がり、情報を多くの人々と共有する場面も急速に増えつつある。

すなわち、家族のつながりが希薄になりつつある一方で、ＤＸ的な連携・つながりが新たな可能性を生み出したと考えている。施設に入れば家族と別離生活となるが、いままでは面会時以外にも、ネットを通じて日常的に顔を見て、ふるまいが分かるようになったからである。

――心の伝達いかに実現／都心に社会的弱者を包摂するコミュニティーを――

しかしながら、社会的弱者である子どもや老人を包摂できるコミュニティーは、単に利便性や経済性が優先された社会においては実現することはできない。利便性や経済性は重要だが、何よりも必要なのは人と人との心の伝達である。そうした心の伝達をどのように実現していくのか、そこで問われるのが生身の人間が拠って立つ場のあり方、すなわち都市構造や建築の役割・あり方である。

例えば都市の構成において、高齢者施設が独立して郊外に持っていかれる理由がどこにあるのか。経済的問題なのか、居住環境、あるいは介護の問題なのか、理由はさまざまだろうが、そうした問題を乗り越える施策がいま求められているのだと思う。都心部に、住居施設と高齢者施設を近接して一つの居住単位としてワン・パッケージにまとめられるような制度的工夫が必要なのではないか。ますます高齢化が進む日本の都市社会にあって、都心部に居住する人や社会の責務として、高齢者の居住問題を考えることが、まさにこれからの都市問題の大きな課題なのである。それは家や家族という問題にも関連することである。

これからの高齢者施設の問題は、都市構造や住居が弱者をどのように包括するのか、そのあり方に関わっている。それはまた、日本の子どもの保育問題とも連動する話である。

経済政策と都市との相克

2022年2月1日

新型コロナウイルスの変異型としてオミクロン株が世界中で猛威を振るっている。こうしたパンデミック状態も、やがては毎年繰り返されているインフルエンザのような扱いになり、次第に収束するという楽観的な観測もあるが、新たな変異株が発生する可能性もあり、予断を許さない状況である。

この2年ほど繰り返されてきた新型コロナウイルスの脅威によって、世界的に経済が減速した。慢性的な生産力の低下や物流の停滞もあって、モノやサービスの供給不足が起こり始めている。市場では需要に供給が追い付かない状態となっているが、経済の安定化を図るためか、各国の金融政策は依然緩和を続けている。それでも、事態の変化のために、公的金利を次第に上昇させるという気配が見え隠れもしている。

先日、２０２１年12月の米国の消費者物価指数（ＣＰＩ）が発表された。前年同月比で7・0％と急上昇している。一見、パンデミックが続いている中、需要が上向いて、景気が活発化し始めている様子であるが、高インフレの状態は国民生活を直撃することになる。

一方、日本では、2021年11月の統計によると、前年同月比で0・6％と、こちらは低水準であるが、企業物価指数でみれば8・0％とかなりの上昇が見られる。企業が消費者物価への転嫁を抑えているというだけで、実際には日本も高インフレの状態にはまり込んでいるということだ。それだけに、これ以上のインフレ傾向を懸念する声が次第に高まりつつある。既に需要と供給のバランスが崩れ始めているという指摘もある。

企業物価指数の上昇と合わせて、現在際立っているのが、マンション価格などの不動産価格の急激な上昇である。土地建物は国民経済のインフラでもあるわけで、こうした時期に、安定的供給体制のバランスが大きく崩れることになれば、米国のサブプライムローン破たんで引き起こされたリーマン・ショックのような事態も予測される。このまま金融緩和とインフレが続けば、事態はどこに向かうのか、極めて危惧される状態である。

現在の世界的なパンデミック状態の中で、異常ともいえるインフレ状態が続けば、世界中で需要と供給のバランスがますます歪《いびつ》になっていくことが考えられる。それがそのまま放置されることになれば、世界経済の混乱は計り知れないことになるだろう。表面的な需要だけを抑え込むことに舵を切れば、金融市場の混乱も避けて通れなくなる。

こうした経済の動向は、都市や建築にとっても極めて重要なメッセージである。不動産をはじめとする都市や建築に関連する物価の上昇は、国民生活に直結するからである。とりわけ、それらは通常の消費財に比べて金額が大きいだけに、投資や長期ローンなど、さまざまな仕組みが組み込まれており、複雑なシステムが市場をより複雑化して、予測を超えた混乱を生み出す可能性を内在しているからである。

改めて、急激なインフレは経済活動への大きな脅威であることを考え、行動すべきである。

EUの決断とエネルギー政策の行方

2022年1月31日

ドイツでは政権交代に伴い、エネルギー政策の前倒しが一段と進められている。2030年までに総電力に占める再生可能エネルギーの割合を80%まで引き上げ、同時に石炭火力発電所の全廃を目指すなど、メルケル政権に比べ、より一層、脱原発へ向けて舵を切った。

その一方で、EU（欧州連合）の欧州委員会は、2050年の脱炭素実現に向けて、原子力発電や天然ガス発電を一定の条件下ではあるが承認する方針を発表した。これは持続可能性のある事業かどうかを仕分ける「EUタクソノミー」の基準に、原子力や天然ガスを追加するというもので、関連するさまざまな投資を促進するのが狙いである。しかしながら、世界の環境団体は反発を強めている。とりわけ、ドイツやオーストリアなどでは、その行動が露わになりつつあるという。

ＥＵの方針は、日本のエネルギー政策にも影響を与えることになるだろう。２０２１年に閣議決定された第６次エネルギー基本計画では、２０３０年の電源構成の目標値として再エネが36―38％と、２０１５年の基本計画からさらに引き上げられている。原発は20―22％と変更はなく、むしろ現在に比べて依存度が上がっている。しかしながら、火力も41％と、削減されてはいるものの、依然、依存度は高い状態である。

２０２２年１月現在、日本で稼働している原発は９基、廃炉が決まっているのが21基である。東京電力福島第一原子力発電所の事故から既に10年以上が経過した現在でも、原発の停止により、火力発電に当面は依存せざるを得ないことが分かる。

もし、完全な脱原発を目標とする場合、再エネの割合の大幅な増加を望むことが難しい以上、火力発電の割合を増やすという選択肢しか残らないが、それではCO_2排出削減目標の達成はおぼつかない。ＩＥＡ（国際エネルギー機関）の２０２０年の統計では、原発への依存度は日本の３・８％に比べ、米国が19・４％、ドイツが11・１％、依存度が高いフランスは66・５％と、世界各国の傾向が見て取れるが、脱原発の動きがある中で、今回のＥＵの方針は極めて大きな影響があることは否めない。

原発はCO_2を排出しないという意味でメリットはあるが、放射性廃棄物などさまざまな問題点を抱えている。事故も極めて危険である。われわれの脳裏に焼き付いて離れない福島第一原発の事故をはじめ、１９７９年の米国スリーマイル島の事故、１９８６年のチョルノービリの事故など記憶に新しい。こうした事故の悲惨な状況を目の当たりにして、世界的に脱原発の機運が高まっているのが昨今である。高レベルの放射能廃棄物、すなわち核のゴミをどのように処理するかという非常に困難な問題も解決されないままだ。

そうした状況の中、ＥＵの方針転換は何を意味するか。CO_2排出ゼロという側面だけをターゲットにしたかのような、ご都合主義的な方針転換にも見えるが、世界はどのように反応するのだろうか。同時に、火力に大きく依存せざるを得ない日本の姿勢も問われることになる。

メルケルのドイツと都市政策

２０２２年１月26日

２０２１年12月、ドイツでは16年間続いたメルケル政権が幕を閉じた。代わって社会民主党（ＳＰＤ）のショルツ氏に政権が移った。メルケル氏が所属するキリスト教民主同盟（ＣＤＵ）は下野し、中道左派の社会民主党、緑の党、自由民主党（ＦＤＰ）による連立政権となる。新たなドイツがどこに向かうのか、世界の関心が集まっている。

メルケル氏が推し進めていたＥＵの結束は維持されるのか、ドイツの姿勢が問われることになった。ショルツ氏は首相就任時に「ＥＵ統合の強化には一層貢献する」ことを約束した。しかしながら、いまその問いに応える信頼がどこにあるのか。

メルケル氏は、外交政策における高い調整能力と、経済政策の現実的対応力が高く評価された。対中政策もその一つの表れだ。気候変動問題の重要性は理解しながらも、自国の自動車産業の振興を優先させた。一方、２０１１年に起きた日本の原発事故を受けて、脱原発を打ち出したのも記憶に残っている。

このように、国民の意志を直截に受け止め、実行する決断力は高く評価されてきた。しかしながら、２０１５年のシリアからの難民の受け入れは、国民の意思とは相いれないものであった。氏の独断ともいえるこの決断が、国民の反発を受け、退陣のきっかけとなったといわれている。

メルケル氏の政治手法は、幼少期に育った東ドイツでの生い立ちにあるともいわれている。牧師だった父親から受けた厳しい教育に加え、他者に愛を注ぐという宗教的な愛他精神が、彼女の一貫した姿勢のバックボーンを形成してきたのであろう。常に中道を歩み、腐敗や極端な革新を望まない社会を見つめ続けてきた。そして、ＥＵにおける精神的支柱になり続けてきたのである。

こうした姿勢はドイツの都市計画にも色濃く反映されている。ドイツでは、際立った新しい建築というよりも、古い歴史的建築のリフォーム・リニューアルといった伝統的手法が多く見られる。歴史的建造物を現代につなぎ、再生の意味を国民とともに共有することに心血を注いでいる。よく日本の現状と比較されるが、日本では次々とビルが新築されるのに対し、ドイツではその多くが再生建築だ。ドイツも日本同様に、第二次世界大戦で、多くの都市や建築が破壊されたが、歴史的建築の再生・再興に力を入れ、むしろ新築することを抑制する姿勢を示してきた。歴史ある都市の景観を大切にするという姿勢が色濃く打ち出されてきたのである。

メルケル氏も自らの信念に照らして、都市の歴史的継続性の確保には力を投入してきた。多少保守的ともとれる彼女の流儀が政治のみならず、街づくりにも表れていたのである。

翻って、日本の都市や建築に対する行政トップの意志はどこに向かっているのか。どのような都市をつくり、文化の継承を図ろうとしているのか、都市や建築、ひいては国のあるべき姿にまで思考が及んでいるのだろうか。革新だけが未来をつくるのではない。メルケル氏の保守的で現実的手法に信頼の本質があることも学びたい。

レガシーと都市と川

2022年1月19日

2024年のパリオリンピック・パラリンピックの開会式が、パリの象徴であるセーヌ川で開催されるという。日本でもその発想に驚きと感嘆の声が上がった。競技場には既存の施設を使い、歴史的な都市と川の存在をページェント的に活用するパフォーマンスという発想こそ真の「レガシー」ではないか。新国立競技場の建設に揺れ動いた日本との違いについて考えさせられた。

ヨーロッパでは、歴史的にも川を用いたイベントが都市文化の発展に大きく寄与してきた。オールを手で漕ぐボート競技は世界最古のスポーツの一つともいわれているが、例えば、ベネチアのレガッタ・ストーリカや、英国・テムズ川でのローイングなどはつとに有名である。

こうした都市の川における祭典は、中世ヨーロッパで祝祭日に演じられた移動舞台による演劇とも連動したのが始まりともいわれている。スポーツと演劇は、ある意味で時代の象徴であった。川の存在が都市活動の要をなしていたからである。

　舟運は都市と都市、あるいは都市と他国とを結ぶ交通手段であり、物流の大動脈であった。また、自然河川だけではなく、ベネチアに見られるように、運河という人工の水路も都市文明の発達には大きく寄与してきた。そして、川で開催されるイベントには、そうした場所への感謝の思いが投影されていたことはいうまでもない。これほどヨーロッパでは、都市と川は切っても切れない関係にあったということである。

　翻って考えるに、日本の都市と川の関係はどれほどのものなのか、真の都市文化を育んできたのだろうか、という思いがある。常に田舎者なのではないのだろうかという思いである。

　ユニークな論点から梅棹文明学とも呼ばれる文明論で知られる、日本を代表する文化人類学者である梅棹忠夫氏が、都市文化とはそれを支えるヒンターランド（後背地）の存在があって初めて成立すると述べていたことを思い出す。もちろん、日本でも古くから都市と川、そして川の流域がはらむ後背地は深い関係を持っていた。日本の文化には、舟運による影響を色濃く受けてきたものも数多い。江戸の町も、利根川東遷事業に始まる治水事業や、運河の開削など、その大きな発展には水路の発達が寄り添うように存在してきたといっても過言ではない。

しかしながら、近代になって、そうした歴史を忘れて都市から川を放棄してきたという事実は、日本人の都市空間に対する文化的参加意欲の希薄さにもつながっている。日本では都市とは利便性の集約的産物であるという思い込みが強過ぎるのではないか。

ＤＸの時代を迎えて、都市の実態がどのように変化しようとしているのか。さまざまな予測はある。しかしながら、情報がどのように都市を駆け巡ろうとも、人間が不在になるわけではない。物理的な都市は依然として残るだろう。都市空間の新たな魅力を生み出すためには、都市の財産ともいえる川の意義の見直しが必要になることはいうまでもない。都市のレガシーとは何かを改めて考え直す機会を得たと思う。

2021

2021年

Chapter 4

DX時代の人口問題と経済成長

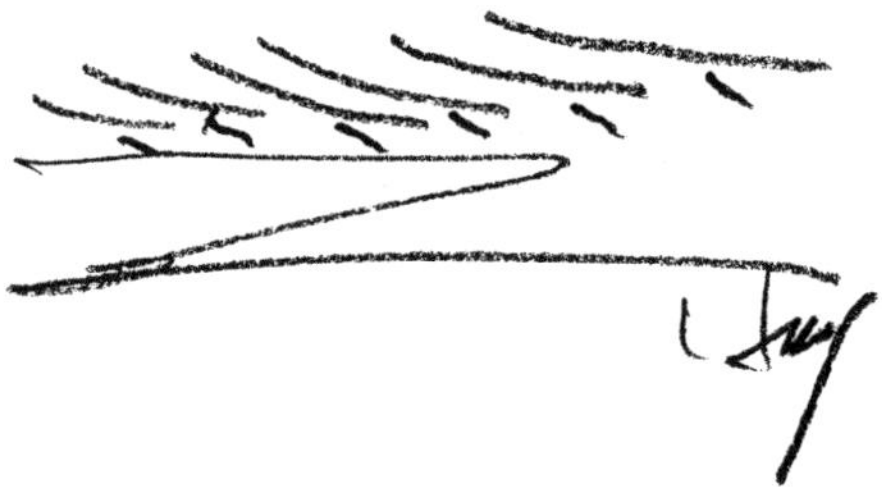

――２０２１年12月15日

中国の高齢化と生産年齢人口の減少が深刻化し始めている。一人っ子政策が急激な人口増に歯止めをかけた結果、出生率は低下、結果的に高齢化だけが進んだ。中国政府は、２０１６年には２人目の出産を認めるなどの対策をとっているが、２０１０年を境に生産年齢人口も減少が始まり、高齢化率は14％に達し、高齢化社会に突入している。

さらに、先進国の中でも例外的に高齢化とは縁遠いように思われていた米国でも、同じような事態を迎えつつあることから、世界的な経済成長の鈍化が懸念され始めている。例えばCDC（米疾病対策センター）の統計によると、2020年に誕生した新生児は前年比4％減の約360万人、また、合計特殊出生率は人口の維持に必要とされる2・1を大きく割り込み、1・6と過去最低を記録したという。また、EU（欧州連合）でも10年以上にわたり、緩やかに生産年齢人口は減少している状態である。

高齢化問題で、いわば最先端を走る日本の状況はどうだろうか。現在の1億2700万人という人口が、現状の低い出生率のままで推移すれば、100年後には4300万人という驚くべき数字にまで減少するという。政府もこうした事態を座視しているわけではなく、さまざまな施策を打ち出しているが、現状では今世紀半ばの時点で、人口が1億人を割ることはほぼ確実であると考えられる。一方で、人口減少が実際に経済成長を鈍化させる原因になるのかは、これから迎えるDX（デジタルトランスフォーメーション）の時代においてはまだ未確定の部分が多いように思う。すなわち、人口減少が「人の豊かさ」や「社会の豊かさ」に影を落とすという見方への再検証が始まったと考えたい。

――新型コロナが問題を複雑に――

さらにここで問題を複雑にしているのが、新型コロナウイルス感染症の問題である。2021年11月の時点での世界の感染者は2億5000万人、死者数は510万人をともに超えている。世界的にワクチン接種が進んではいるが、抗体の減少に伴って再び感染者数が増加する国もあり、予断を許さない状況である。

こうした状況を見る限り、人口問題における深刻な事態を回避することは容易ではない。既に、18世紀のトマス・マルサスやアダム・スミスの時代から、人口問題についてはさまざまな議論が展開されてきた。例えばマルサスは、人口は等比級数的に増大するのに対して、食料は等差級数的にしか増大しないと指摘し、食糧が不足するために、人口の爆発は起こらないのではないかと考えていた。かのダーウィンも、食料の問題は重要なファクターになっていることを『種の起源』で指摘している。

これに対して、統計学者エルンスト・エンゲルは「需要は飽和状態に達する」とした。つまり、長い目で見れば、食料の需要もやがては頭打ちになるということである。実際に、人口が年々増大しつつある一方で、彼の名を冠したエンゲル係数は長期的には緩やかに下がってきている。

また、ケインズは「有効需要の原理」を示し、食料に限らず、需要こそが国の経済の動向を決定することを明らかにし、需要の拡大が大きな経済発展の要因であることを示した。そして、実際に経済発展により人口は爆発した。しかしながら、消費の拡大は奢侈や贅沢であり、文明社会による自然界の搾取でもある。現代になって、その矛盾が大きく露呈してきたのではないか。言い換えれば、人間が築き上げてきた文明社会のあり方の再考が問われるようになってきたということである。さらに、新型コロナウイルスの登場がより複雑な状況を生じさせているということではないか。

もちろん、ウイルスと人類との戦いはいまに始まったことではない。エボラウイルスやSARSウイルス、MERSなど数えきれないほどのウイルスが存在している。また、季節性インフルエンザも身近ながら、間接的死亡者も含めれば、毎年25万―50万人が亡くなる危険なウイルスである。それら以外にも、新たな進化を遂げた未知のウイルスが登場することも考えられる。

人間社会への新たなウイルスの供給源は、野生動物などの自然界である。すなわち、文明社会が自然界へ侵食していくにつれ、人間と野生動物の接触が高まり、互いに住み分けて暮らしていた状況が破られた結果、こうした危機的状況が発生したともいえるのである。

人口の増加は、社会、経済の成長には不可欠な要素であると考えられてきた。実際に、現在も世界人口は増加しつつある。しかしながら上述のとおり先進諸国においては、社会が成熟するにつれ、人口減少が顕著になってきている。さらに未知のウイルスとの戦いを余儀なくされる状況が続くことを考えれば、現在の人口増加も、近い将来落ち着き、やがては人口減少の局面に向かうのではないだろうか。

―イノベーションと都市の豊かさ―

われわれはいま、テクノロジーに支えられた新たな局面の中、20世紀までのモノに対峙して社会を動かす時代から、情報を操作・活用する時代に突入した。人口増加を前提とした物量の時代から離脱することが可能になったということでもある。すなわち、人口増加と経済成長という構図が、ＤＸという社会のイノベーションによって、社会の豊かさの指標とともに大きく変わるということだ。

われわれはいま、そうした時代に生きているという認識の下、これからの経済と社会のあり様を新たな視点から捉え直し、さらには都市社会の豊かさを再考する時を迎えているのである。それは、まさに今日いわれているスマートシティーであり、スーパーシティーである。そこで生きる意味が問われているのである。

気候変動と脱炭素社会、そして設計界が果たすべき課題

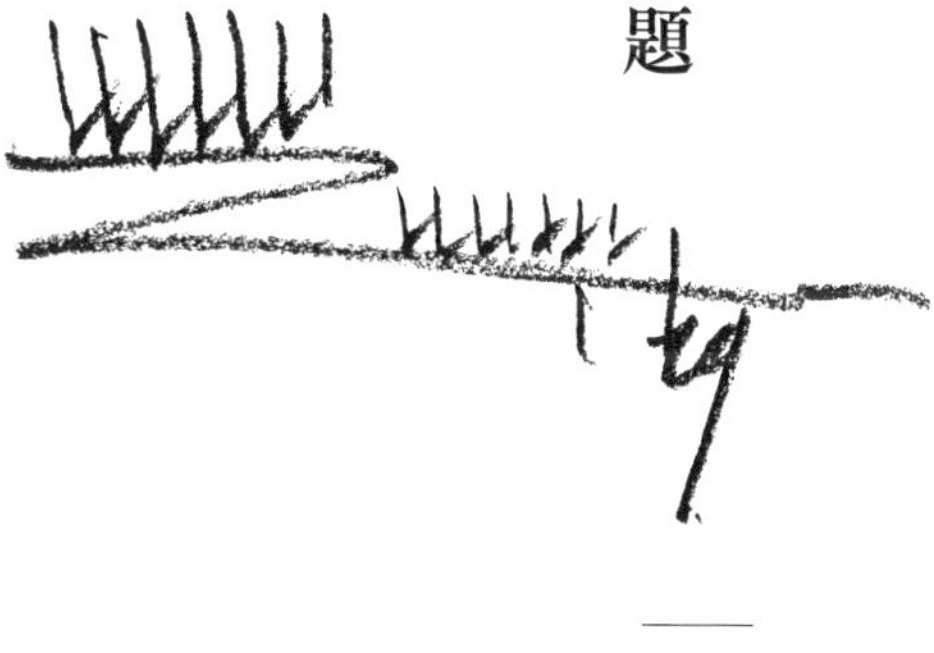

2021年11月17日

いまや、気候変動の問題に関心を持たない人はいないだろう。農産物価格の高騰など、日常生活にも影響が出始めていることを見ても、現実的問題であることが実感される。もちろん日本国内の問題だけではなく、世界的な大問題である。コロナ禍と合わせて市場経済の混乱に拍車をかけている。

CO_2による温暖化影響を予測した真鍋淑郎氏が気象・気候の分野の研究における初のノー

ベル物理学賞を受賞したように、もはやこのことは揺るぎのない事実であろう。すなわち、いまや世界は脱炭素社会の実現を最大のテーマとして、軌を一にして取り組んでいかねばならないということだ。

いうまでもなく、脱炭素化は政府の取り組みだけでなく、われわれ自身が家庭や仕事の場において意識していく必要がある。まず、第一に産業製品の個別のCO_2排出制御の問題であるが、発生源を抑えるために、日常の社会活動や現実の生活を一気に見直すことはできない。生産方式を変更するとしても、限られた設備投資や経営資源を一気にそちらに振り向けることも容易ではないからだ。

また、建築物の例に見られるような、施工時よりも、都市活動や建築の運用に起因するCO_2排出量（ライフサイクルCO_2＝$LCCO_2$）の方がはるかに多くなる産業製品もある。すなわちこの問題は、利用者としてのわれわれの問題でもあるということだ。

エネルギー問題も同様である。化石燃料から再生可能エネルギーへの転換がいわれていても、その転換が困難であることは現実的な問題である。

――人工化への邁進のツケ――

そうした点から、都市で生活し、活動する利用者側が、ＬＣCO_2の削減に意識的、積極的に取り組むことで、カーボンニュートラルを進めていくことが必要になるだろう。

つまり、われわれが住み、活動する都市社会のあり様こそが問題になるということである。近代社会は、都市化が生み出す利便性を追求して、高密度の都市という一つのモデルをつくり上げてきた。生産構造と社会構造、そして都市構造それぞれのあり様は不可分なものである。それらはいわば、われわれが求めてきた欲望が形となった文明社会を支えるものである。

現在の都市が大量のCO_2を排出しているという事実は、人間が地球の自然環境との緩やかな共存を忘れて、利便性を最優先させた結果にほかならない。欲望を満たすために、人間の住む地球を顧みることなく、人工化へと邁進してきたツケが回ってきたのである。

ならば、現代の都市を少しでも地球環境に調和させる手段を考えることが、いまできる建築界の最大の課題であろう。どのようにして都市全体のCO_2排出量を削減するか、アイデアを出し合うことが急速にいわれ出したのはこのためである。しかしながら、社会システムのドラスティックな見直しが難しいことはいうまでもない。再生可能エネルギーへの転換も容易でない事実を考えれば、CO_2排出に的を絞るだけでは適切な問題設定とはいえまい。排出したものを「処理する知恵」を出すことこそ、いまわれわれが実行すべき課題なのではないか。すなわち、CO_2の吸着・固定化の問題である。それこそが、都市や建築に携わる人たちの現在の課題であり、将来的な責務なのだといえよう。

そうした観点から考えれば、建築界にとって喫緊の課題は、「CO_2吸着・固定化に向けた都市施設」のあり方を考えることなのではないだろうか。

――新技術の進歩で発生源から基地へ――

今日のような大気組成をつくり上げ、動物の繁栄の礎を築いたのは、地球上に生命が発生した時期に生まれたシアノバクテリア（藍藻類）であるといわれている。それらが膨大なCO_2を吸着してつくり出したのが、ストロマトライトと呼ばれる層状の岩石である。こうした自然界の力は多様である。森林はもちろん、海のCO_2の吸収量も非常に多いことが知られている。また、海藻などが固定する炭素はブルーカーボンと呼ばれ、新たなCO_2の吸収源として期待されている。このほか、土壌のCO_2貯留も膨大な量に上るという。

いうまでもなく、CO_2吸着・固定化には自然の力の積極的な活用も必要になるはずだ。ただし、ここにも課題はある。森林や土壌に問題が生じているというのである。戦後植林された日本の人工林では、老齢化によりCO_2吸収量の減少が進んでおり、将来的に吸収源としての役割を果たせなくなる恐れがあるという。若齢木の育成など、長期的な森林資源のサイクル化を考えていく必要があるだろう。また米国などでは、大規模農業で大量に使用される化学肥料や農薬の影響により土壌の劣化が進行しているとの指摘もある。食糧問題への対応、そして農業生産のあり方の一刻も早い見直しが必至である。

しかしながら、そうした自然の活用と見直しだけでは飛躍的なCO_2の削減は期待できないはずだ。吸収率に優れた無機多孔質材のような新素材や、空気中のCO_2を吸着・固定化する機器など、新技術によるCO_2吸着・固定化の進歩にも大いに期待したい。CO_2の発生源である建築や都市が、吸着・固定化の基地となることさえあり得るのではないか。

――CO_2吸着・固定化に向けた都市施設を考える――

脱炭素化はわれわれにとって極めてアクチュアルな問題であり、同時に生活のあり方、ひいては考え方や生き方の本質を顧みる契機となった。それだけに、脱炭素社会への関心を身近な存在として、身近な場所で表現することが必要である。いわば、それこそが建築や都市施設の問題なのである。このような危機的な状況を招いたことを踏まえ、改めて「われわれの住む都市、都市文明というもののあり方」について考え、関心を深めていきたいと思う。

建築の自動化と合理化の先にあるもの

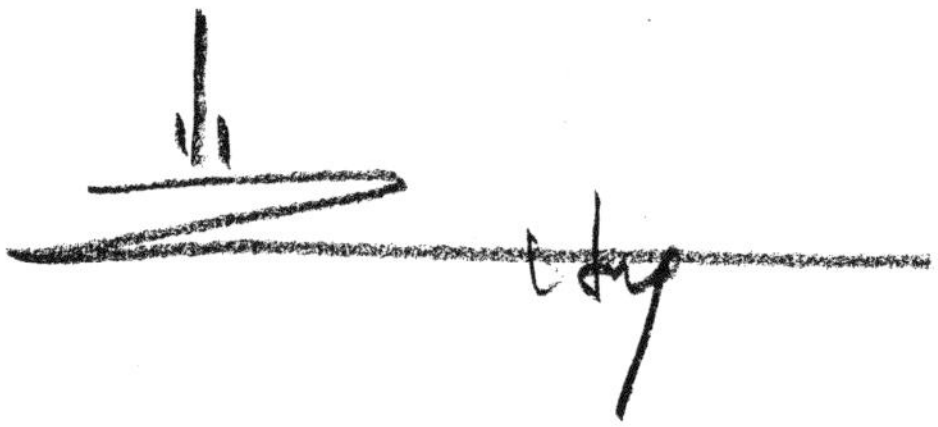

――2021年10月20日

３Ｄプリンターによる施工をはじめとする建築生産の自動化は、世界各国で実証実験が進められてきたが、早くも実用化レベルへと進歩しつつあるようだ。欧米では、これからの建築産業のあり方を占う意味でも、建築生産の自動化に力を入れているということだ。単に生産効率といった経済的な側面だけではなく、建築の新たなイメージの創出にも関わる構造的転換を図ろうとしている節がある。

例えば、中東のＵＡＥ（アラブ首長国連邦）の都市ドバイのように、世界の最先端を目指す都市も同様の戦略を進めている。砂漠の土地に、潤沢な資金を背景とした、さまざまな未来型都市建設を進めてきたドバイは、水と緑豊かな環境に囲まれたハイテク建築が林立する姿が印象的な都市であるが、これからのアラブ諸国が生き延びるための戦略として、そうした開発に加え、建築の自動化にも深い関心を持ち、早くから３Ｄプリンターによる建築施工の自動化に着目し、政府主導で３Ｄプリント戦略を立ち上げている。既に戸建て住宅はもちろん、ホテルに至るまで、施工自動化の実用化に向け、具体的に稼働し始めているという。

米国でもそうした流れは加速しつつある。とりわけ、建売住宅では人件費の大幅な削減、さらに工期の短縮と建設費の抑制につながり、販売価格を大幅に下げることができるという。

こうした建築施工の自動化は、工場生産によるプレハブ化同様、ＡＩ（人工知能）やアルゴリズムなど、コンピューターによる制御が行われることになるが、その場合、人間の代わりに意思決定する場面が増えていくことが予測される。問題は、そうした時に、人間の感性や自由意志に基づく選択や行動が制限される、あるいは排除されるという恐れがあるということだ。

――多様な個性は置き去りに――

もちろん、こうした建築の自動化や工業化はある意味では時代の趨勢《すうせい》であり、その浸透は、今後避けられないのだろうが、筆者が危惧しているのは、建築のディテールやマチエール、そして感性に基づく美的表現の問題である。

20世紀型の工業化による工業製品は、社会に広く普及し、標準化することを主眼として、むしろ個性を取り除くことが大義であった。その意味では、従来の建築の工業化も、こうした流れの中に位置付けられるだろう。いうなれば、建築の「標準化」を進めて、大量生産により、安価で、広く社会に提供するという考えである。

しかしながら、ＡＩを導入した今日の自動化は、設計者の個性をくみ取ることが可能だとしても、結果として多様な建築表現を排除することになりはしないか。建築の自動化や工業化において目指されるのは、主として制作のしやすさである。すなわち、施工難易度や工事費の低減を考えれば、ディテールの簡素化は避けては通れないということだ。それだけに、「多様な個性」はどこかに置き去りにされてしまうという結果になることは先に示したとおりである。

――ディテールの美学とコネッスール――

さて、絵画など造形芸術の世界では、名作の鑑定に関わる極めて重要な仕事として、本物を見抜く眼力＝鑑定眼が求められる領域がある。美術市場で高く取り引きされるような名作ほど贋作《がんさく》が多いからである。著名な美術館が贋作をつかまされれば、一気に信用が失墜する場合もあり、それだけに西洋では古くから「コネッスール」（Connaisseur）という人たちが重要視されてきた。

コネッスールとはフランス語で「目利き」を意味する言葉で、作品の真贋を見分ける鋭敏な能力を持つ鑑定家を指す。例えば、ある絵画において、全体的な雰囲気が極めて本物らしく見えたとしても、コネッスールは細部の表現に表れる微妙な差異などから、本物か贋作かを見抜くのである。彫刻などにおいても同様である。人物描写でいえば、指先や着衣のドレープの表現などのディテールが、作品の真贋にとっては極めて重要な意味を持つのだという。いわば、そうしたディテールによって、その作品の真価が問われるということである。

同様に、建築においても、そのコンセプトや科学的根拠を前提としながらも、全体としてディテールによってつくられているといえる。いわば、「神は細部に宿る」ということだ。

――経済性とは別次元に存在――

もちろん、建築施工の自動化・工業化は、時代の技術的要請であって、いまや現代建築におけるＡＩの活用や施工の自動化といった建築生産システムの合理化や、経済的効率化などの分野に大きな関心が寄せられつつある。それは、建築が拠って立つ基盤となる現代社会が、資本主義という経済主導の社会システムの中にあって、効率的で合理的であることに関心が向いているからである。

しかしながら、建築は資本主義や社会システムにのみ立脚しているわけではない。人間の生活や関心も、そのようなベクトルにだけ向くものではないからである。精神的な豊かさや美的世界への関心は、合理性や経済性の追求とは別の次元に存在するのである。

ディテールなどに基づく美的表現の創造的情念は、現代社会における資本主義という経済主導の動きとは相容れない面がある。そう考えれば、現代という時代は、ある意味では、さまざまな価値が分断され抑圧される教条的な世界の中に閉じ込められてしまう時代であるようにも思われる。

いまスペインの官民協調の姿に注目が集まっている。

グローバル社会に生きる地域の奮闘

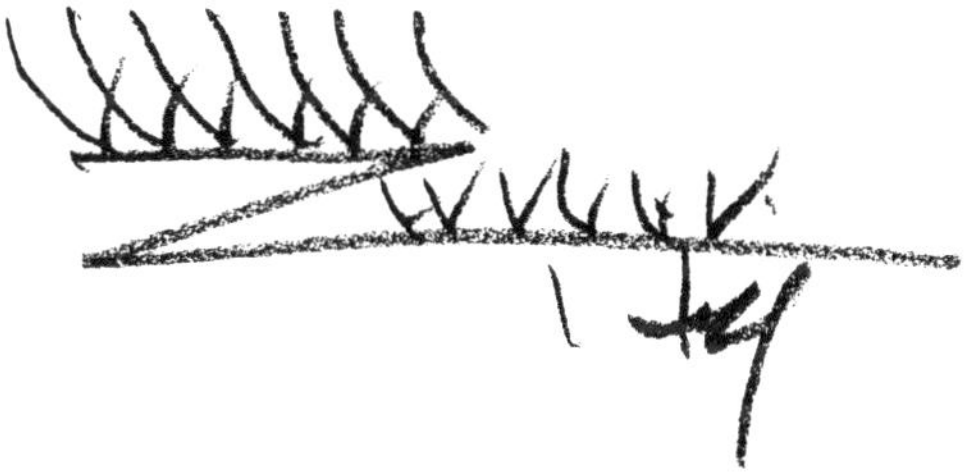

2021年9月22日

ＥＵの中でもイタリアなどと同様に、スペインの経済の落ち込みは尋常ではない。新型コロナウイルス感染症の流行により観光業が大打撃を受け、同国の失業率はＥＵ加盟国で最も高い16％を記録した。若年層に至っては40％という異常なほどの数値である。

しかしながら、２０１５年以降、コロナ禍による影響が出るまでは、外需から内需への転換を図ったことなどにより、堅調な経済成長が進んでいた。今後の先行きに不安はあるものの、スペインの内なるエネルギーには驚かされる。

スペインといえば、フラメンコに代表される芸術の盛んな情熱の国というイメージがある。例えば、絵画や彫刻の分野では、ピカソをはじめ、ダリやミロ、チリーダなど20世紀を代表する芸術家を輩出している。建築でいえば、ガウディを知らない人はいないだろう。さらに現代では、カラトラヴァ、セルト、ボフィルなど枚挙にいとまがない。そうした伝統は現在にも引き継がれているだけでなく、芸術と市民との交流・協調関係がうたわれている。まさにスペインらしい芸術的・情熱的な国の姿である。

しかしながら、かつては、１９３５年から75年までの長期間にわたり、フランコによる独裁政権下にあり、多くの情熱も抑圧下に置かれ、そうした状況がスペインを疲弊させてきた歴史がある。フランコの没後、王政が復活し、同時に民主化も進められてきた。79年にはバルセロナを州都とするカタルーニャ州が自治州となるなどして、今日のスペインがある。

とりわけ筆者が注目しているのは、バルセロナが掲げる「フィアレスシティー」(恐れない自治体)というエコロジカルな都市的活動である。この恐れを顧みずに立ち向かうという姿勢こそ、スペインのアイデンティティーである。スペインは国家以上にそれぞれの地方の存在感が極めて大きく、強い主張をしていることを見ればそのことは理解できる。いくつかの州では独立運動が盛んであり、北のバスク地方、南のカタルーニャ地方などでは特に顕著である。すなわち、グローバルな動向に対しても自らのアイデンティティーをいかに保持し、主体性を発揮できるのか、そうした生き方を示すことが自らのアイデンティティーだと考えているのだ。

――自然の豊かさ見つめ直す――

今日の反骨精神に富むスペインは、こうした一連の歴史や出来事の流れがあって存在しているということが理解されるだろう。

一方、ＩＴ化も独自に進化しており、北欧に比肩するほどである。筆者もバルセロナで体験したが、買い物は大半が既にスマートフォンによる決済で済ませることができる。コンパクトシティー、そしてスマートシティーとしての発展にも積極的に取り組んでいる。

例えば、バルセロナでは「スーパーブロック計画」が進められている。およそ４００から５００メートル四方の街区を設定し、内部への自動車乗り入れを制限して、コミュニティーの居住者の歩行などに限定するという取り組みである。いわば、道路の使い方は市民が自分で決めるということである。しかも、内需の活性化も見据えて、さまざまな取り組みが実践されている。グローバルな発展や経済的成長を目指すのではなく、自らの豊かさとは何かを見つめ直し、頑固なまでに自らのアイデンティティーを貫く姿勢がよくわかる。

――公共施設の民営化と再びの公営化――

さらに注目したいのは公共事業の再公営化である。かつてバルセロナを含むカタルーニャ州でも公共事業の民営化が進んだが、これはサービスの格差や歪み、また過剰な利益誘導による弊害が出てきたことに対する反省でもある。市民の活動により、自治体が動き出したわけだが、政治がいかにして民意をくみ上げるかを考える意味では、自治体のこうした柔軟な姿勢は重要な要素だ。

その一つの表れが水道事業である。こうした運動の実績は、日本でも民営化によって引き起こされるサービスの低下や歪みなどの弊害への対処方法の一つとして、極めて参考になるものだ。

バルセロナでは、そうした運動を成し遂げた地域政党が、環境問題への取り組みもあわせて拡大している。特徴的なのは、その方法として、市民が行政に積極的に参加し、協同組合による参加型社会を実践させていることである。ここでは行政の役割は、いかにして民意をサポートするかであることが明確に示されている。

――官民連携で劣化を克服――

こうしたバルセロナの活動は、オランダなどEU内部の国だけでなく、アフリカ諸国にまで波及し、都市間連携が促進されている。さらには気候変動による地球環境の悪化への対応策にも及んでいる。情熱的なだけではなく、理性と正義によって問題に取り組むバルセロナの姿勢が、いま世界の注目を集めているのである。

こうした取り組みを見ていると、その背景にあったのは、20世紀初頭のヨーロッパの都市の荒廃と類似した状況ではなかっただろうかという思いが浮かぶ。当時の都市の劣化は、物理的な要素だけではなく、食糧事情の悪化や貧困の増加など、さまざまな問題が複合したものであった。工業化と生産性の向上がうたわれる一方で、人間のための環境は失われてきたのである。

いま、21世紀を迎えて、時代と環境の質は大きく異なってきたが、劣化という本質が変わることはないといってもよいだろう。さらに、情報格差の時代でもあり、一握りの富裕層が世界の富を独占する時代である。劣化の幅が広がり、人類はそうした劣化を地球規模の現象として捉えなければならなくなってきた。グローバル社会に生きる現実と、地域に生きる現実の相克が問われているということでもある。

その一つの答えが、官民の連携により、社会や都市の劣化を克服しようと模索し続けるバルセロナの姿であり、われわれに対するメッセージなのである。

リアルということの意味（現実感）を考える

2021年8月18日

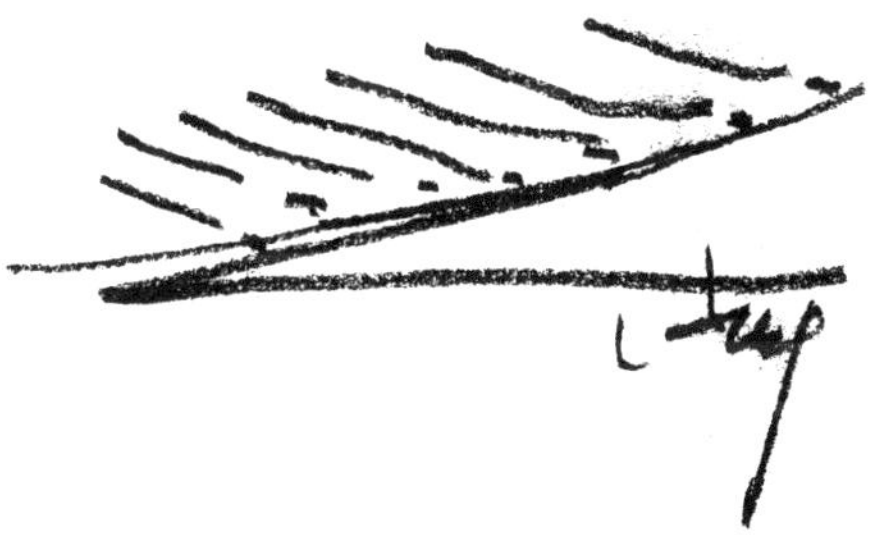

2021年6月9日付の本稿で、既に気候変動の問題は地球規模で深刻な事態を迎えつつあり、われわれの文明に対しても危機的な状況にあるという現実について述べた（328ページ「建築界に与えられた課題――エシカルな社会へ」参照）。地質学的年代表記において、現代は「完新世」と呼ばれてきたが、近年、「人新世」という新たな年代表記が検討されている。すなわち、人類の活動が地質学的にも明らかな痕跡を残す時代になってきたということである。いわば

人類の歴史的にも大きな節目を迎えつつあるということであろう。

特に最近の世界の気候は、干ばつによる水不足の一方、豪雨による洪水や土砂崩れなどの災害、また南極圏などでの氷床の融解による海水面の上昇や、気温の変動による生物の生息域の大幅な変化といった問題が起きているが、その原因は地球全体のCO_2の増大であり、それはわれわれ人間の活動に因るものである。

一方で、社会経済環境も劇的に変化してきた。とりわけ、資本主義が変容してきたことの意味は極めて大きい。グローバル化とデジタル化により、新たな経済環境がもたらされ、これが支配的な影響を持つようになったという事実である。

社会経済環境の変化は、身近な、日本の事例を取り上げてみるとよく分かる。1950年代から始まった高度経済成長、そして1980年代のバブル景気で、世界から「JAPAN AS №1」ともいわれたほど豊かな国へと変貌を遂げた。当時、われわれの身のまわりに豊かさの象徴がそこかしこに存在していた。その後、「失われた20年」といわれる時代が到来し、それがやがて30年になろうとしている状況の中、技術革新によるイノベーションやデジタル技術の進歩により、社会のグローバル化が進み、新たな世界地図が描かれ始めたのであったが、その矢先に、新型コロナウイルス感染症という疫病に襲われ、グローバル社会が一気に収縮するという現象が起きている。

こうした激しい経済環境の変化を、われわれは実際に体験してきたのである。

――利便性と手軽さに向き合うリアル――

現代という時代における危機は、すべてではないとしても、気候変動と経済環境の変化が極めて大きく影響しているといっても過言ではないだろう。これら二つの事象が、現在の「危機」と「変容」を表しているといってよいと思う。二つの事象の関係は相関的であり、文明史的に見ても、有史以来の大きな変容を迫るものであることはいうまでもないだろう。それは、社会的な側面だけでなく、個人の活動においても、直接的、間接的に影響を受けざるを得ない、身近な問題でもある。

さて、こうした変化の中で、われわれが体感する現実感や実在感、すなわち「リアルな感覚」とはいかなるものなのかを改めて考え直してみたい。リアルな感覚は、当然ながら、自らの周囲の環境の変化に極めて敏感に追従しているからである。

建築でいえば、高度経済成長期には、永続性よりも、次々に建て替えが可能で、変化を積極的に受け入れる建築こそが時代の潮流―価値を受け入れることができると考えられていた。結果的に、短命で仮設的な建築こそが時代のニーズに応える建築であると真剣に考えていたのである。気候問題もそれほど深刻ではないと考えられていた。現在の感覚とは相いれないが、時代に向き合うためにはどうすればよいのかを真剣に捉えていたのである。そこにリアルな感覚があった。建築とは、そうした経済の爆発的な流れや、うねりに寄り添いながら醸成されるものだからである。

例えば、コンビニエンスストアも猛烈な人間の欲望を即時に満たし、利便性に特化した、この時代の特徴をよく表している。こうした姿勢こそが、経済の成長を支える源泉でもある。それだけに時代の要請に応えるという意味では、そこにリアルな感覚を見ることができる。この時代のリアルな感覚は、建築には何の関心を示すことなく、コンビニの手軽さ、利便性にのみ関心があったのである。ここにも現代社会の本質が表れているように思われる。

――短命で仮設的な建築から持続的な建築へ――

こうした状況を経て、現在の経済成長の鈍化、すなわち低成長の現実に向き合わなければならなくなった。この状況を、かつての成長期との比較で捉えるのではなく、現在を生きる人間としてあるがままに受け入れることが、現在の「リアルな感覚」なのではないだろうか。

建築の分野でいえば、仮設的な建築の感覚は、もはやないのではないか。持続的で、耐久性のある建築へと志向が変化し、新たな価値を求め始めているように思われる。こうした感覚は、気候変動の問題ともつながり、自然の脅威に耐えるだけでなく、自然と調和し共存する建築の姿を求める方向へと、改めて変化し始めたということなのだろう。

リアルな感覚は、時代や環境の変化によって変わるものだ。誰がいったのかは失念したが、「リアルな感覚とは変化する社会の中から投影される」という言葉が記憶に残っている。リアルな感覚は、揺れ動く儚《はかな》さを常に内包している。その感覚の源泉は、身体そのものにあるが、身体性自体、脳や肉体が受け取る感覚に支配された、極めて曖昧《あいまい》なものであるからだ。

したがって、流行り廃りという儚い時の中で生きることも、大都市の喧騒の中で暮らすことも、あるいは地方の自然豊かな環境で生活することも、またそれぞれにリアルなのである。われわれが感じる「リアルな感覚」を文明史的な大局の中に見いだすことは容易ではない。それは日常的な身体感覚の中に見いだされるものなのである。それだけに生の根拠とは、曖昧さを超えるリアルな感覚の総体なのである。

建築とは、そうしたリアルな感覚がなければ、その未来を描くことはできないのだ。しかし、リアルな感覚だけに頼るだけでも、未来は描けない。

社会の受容体としての建築のあり方を問う

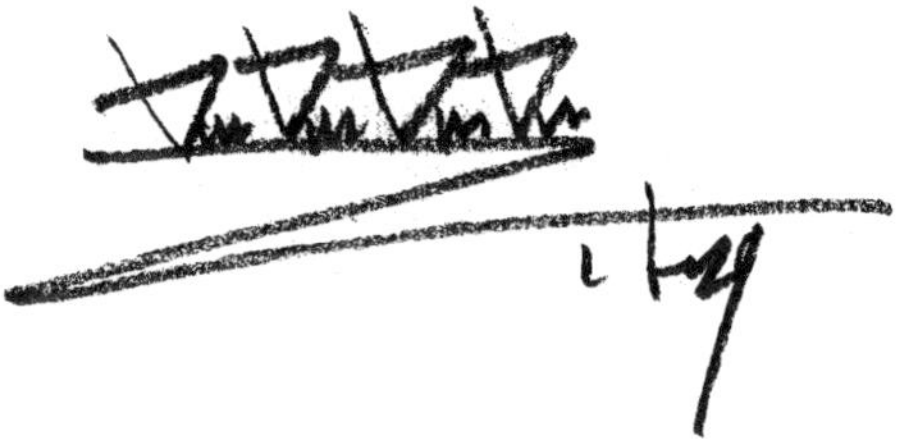

——2021年7月14日

最近、私は著書として『社会はなぜ「現代建築」を受け入れるのか』（日刊建設通信新聞社、2021年）を上梓した。現代建築の抱えているさまざまな課題が社会とどのように向き合っているのかを現象として捉えながら、現代社会のさまざまな問題点や矛盾、不条理を照射し、掘り起こしたいと考えて、日常に生起する建築的現象を見つめてきた。

建築が社会の動向と軌を一にしていることは歴史を見るまでもない。西洋建築は主としてメイソンリー（組積造）によってつくられてきた。石やレンガという頑健な材料が、構造材でありながら、仕上げ材にもなる素材として西洋建築を支えてきたのであった。産業革命によって、鉄やガラス、コンクリートなど新たな素材の開発と技術的進歩によって、新たな建築構法が生み出された結果、構造材と仕上げ材が独立することが可能になった。社会の工業化と合わせて、建築の構法も大きく変容したのである。

その一方、建築を構成するさまざまな要素が社会の分業化を促進し、経済的合理性と生産効率を高め、建築のアッセンブリーのあり方を進化させてきたということもできる。その意味で、建築の近代化を象徴する出来事は、近代建築の提唱者であるル・コルビュジエによるドミノシステムの発表（1914年）である。すなわち、建築の基本となるのは、床と柱、そして上下階をつなぐ階段を三つの要素としたのである。

――プリンテッド・キューブとしての建築――

このドミノシステムは、その後の近代建築の流れを象徴してきた。壁が自由になることにより、仕上げ材を自由に取り付けられるという考えである。社会の工業化とともに、建築の躯体に対する仕上げという概念が一気に進化し、部品としての仕上げ材の性能の向上はもちろん、ユーザーの嗜好に応えるための商品化が限りなく進められてきた。まさに現代の消費社会が表現されてきたのである。

誰かが〝現代建築は、あたかもプリントされた絵柄を纏った箱である〟と表現していた。すなわち「プリンテッド・キューブ=印刷された立体」ということであろう。ドミノシステムによって自由になった壁面の上に、美しくプリントされた建築がますます多くなっている。その傾向は、商業建築ばかりではなく、住宅は無論、大型のオフィス建築に至るまで、現在では幅広いカテゴリーに見られる。

フランスの思想家、ジャン・ボードリヤールが、1970年代の初めに、消費社会の構造を分析して、モノ(商品)の価値は、いわばコード(記号)であり、それは他の商品との差異の体系の中で定まると述べ、話題になったが、建築も同じように考えられるということであろうか。

——躯体と仕上げ材の表現を考える——

さて、私は先日、雑誌『新建築』2021年5月号に掲載された木造の住宅を目にして、設計者の姿勢に心を動かされた。建築家・網野禎昭氏による切妻の木造住宅「バウマイスターの家」である。その重厚な佇まいとディテールの美しさ、そして何よりも住宅としての安定感に圧倒された。いつまでも住み続けたくなる安心感がある。それが何から来ているのかは明白である。極めて重厚感のある木材が、構造材と仕上げ材として一つになったつくりになっているからである。

作者の言葉を借りれば、「この住宅のアイデンティティーは、一辺30センチメートルものスギの大径材製材（尺角柱）を縦に並べ、外側に45ミリメートル厚の赤身板を張り付けた砦のような壁、太鼓材を無造作に立て掛けた切妻架構、そして挽板をダボだけで積層した2階のDLT床板、これらによって構成される空間にある」という。この迫力ある空間は、構造材の荒々しい質感が、そのまま仕上げになっているがゆえに生み出されたものであろう。

――建築は消費される記号ではない――

そうした空間性は無論だが、何よりも私が注目したのは、設計者が指摘している、現在の木材活用の問題である。つまり、かつて大量に植林されたスギが、末口の直径が30センチメートルほどの立派な木に育ったにもかかわらず、市場では売れ残るという問題である。設計者によれば、現在でも木造軸組構法において主流である10・5センチメートル角の柱は、木材不足の時代の仕様であるにもかかわらず、それが現在でも標準仕様になっているという。そのため、そうした柱として加工するのに適した末口直径が20センチメートル以下の丸太ばかりが売れていくのだという。

そうした現実に投じる一石として、太い材を太いままに用いたのがこの住宅であるが、私は、設計者の慧眼《けいがん》と洞察力に驚かされた。

その意味で、この住宅の本当の凄さは、建築を、単に現代社会の潮流、すなわち資本主義が極限まで徹底した今日において、消費のための表層的な現象に乗った存在としてではなく、むしろ建築が社会の歪みを見直すことのきっかけとして、極めて重要な存在意義を持つことを示していることである。

――構成要素の再考を――

資本主義に根差した工業化や経済的合理性の追求、資源の使い方(というより浪費や蕩尽《とうじん》)、現代社会における消費構造を支えているシステムやその動向などではなく、人間にとって本来的に何が重要かを問い直す目を持つことの意味が、いまこそ問われているのである。

それを本物志向といってよいのか分からないが、いわばオーセンティックな社会に立ち戻って考えることは、現代社会という複雑怪奇な時代にあって必要なことではないだろうか。建築は、そのときどきの社会のあり様を受容して成立するものであるが、それが人間にとって疑わしき利便性・有用性を高めるためにつくられているのならば、かえって人間から極めて遠い存在になってしまうのではないのだろうか。

建築とは何か。そして、それらを構成する要素を通じて、われわれは、いかにして現代社会を正しく見抜くことができるのだろうか。歴史の中で問い直す課題でもあるように思う。

建築界に与えられた課題
——エシカルな社会へ

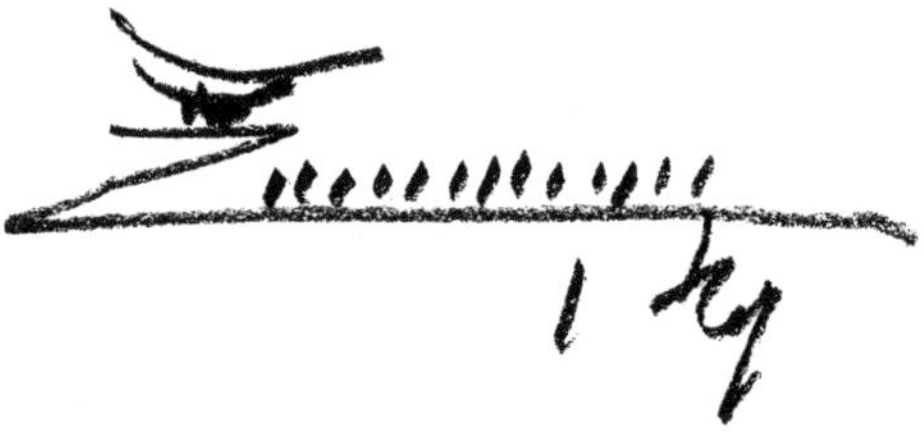

——
2021年6月9日

２０２０年10月、菅首相は日本の温室効果ガスの排出を２０５０年までに実質ゼロにすると宣言した。それから半年、オンラインで開催された気候変動サミットで、２０３０年における削減目標を、従来の２０１３年度比26％削減から、46％にまで引き上げることを宣言した。いわば日本の本気度を示した形である。

日本は、台風や豪雨による洪水、土砂崩れ、土石流だけでなく、地震や津波、さらに火山の噴火による火砕流や火山灰など、数多くの自然災害が起こる、世界にもまれな災害多発国である。とりわけ気候変動に伴い、自然災害のリスクが高まっている。

例えば、ドイツの環境NGOであるGermanwatchが、気候変動による被害を受けた国について毎年発表する「グローバル気候リスク指数」によると、2018年の結果に基づく2020年の指数は、日本がトップ、翌2019年の結果に基づく2020年の指数は、モザンビーク、ジンバブエ、バハマに次ぐ被害があったと報告されている。われわれはあまり意識をしていないのかもしれないが、実際には、日本は気候変動によって相当深刻な影響を受けているということだろう。

気候変動は、世界の安全保障にも深刻な影響を与える。地球の平均温度が1～2度上昇した場合、その深刻度は計り知れないという。水害や干ばつなどの自然災害が急激に増大することはもちろん、そうした災害の結果、大量の難民や移民の発生が予想される。そうなれば、過激派によるテロなどが増大する恐れがあるという。

もちろん気候変動だけでなく、マイクロプラスチックのような石油由来の製品による海洋汚染など、地球規模で大気や大地、海が汚染されているという事実もあり、環境問題が深刻度を増している。

――気候変動への挑戦と課題――

さて、気候変動の問題は、最大かつ深刻度の高い世界共通の問題として最優先されるべき喫緊の問題である。バイデン米大統領がパリ協定への復帰を表明したように、米国や欧州各国は取り組みを進めているが、アジア圏でも日本同様、中国や韓国も今世紀半ばの脱炭素を表明しており、世界中で、大気や大地、海などのように、地球規模で人類が共有する財産、すなわちグローバル・コモンズの将来に対する認識・危機感が高まりつつあるように思われる。

そして、こうした危機感や地球の変化を表現する言葉として「人新世」という言葉が出てきている。人新世（Anthropocene　アントロポセン）は、ノーベル賞受賞者でもあるオランダ人大気化学者のパウル・クルッツェン（1933－2021年）が提唱した、新たな地質学的年代を表すための用語である。

われわれ人類が生きている現代は、地質学的には完新世と呼ばれる時代である。かつて恐竜が生きていたジュラ紀や白亜紀のような中生代の後、6500万年ほど続く新生代の中で、1万年ほど前に始まったのが完新世である。人新世は、その完新世の後の時代のことを指す。まだ学問的にも確定した用語ではなく、それがいつ始まったのかについても諸説あるが、人間の活動により生み出された物質、例えば石炭を燃やすことによって排出された煤（炭素）や、石油からつくられたプラスチック、あるいは核実験によって放出された放射性物質などが地質的な痕跡を残すようになった時代を指すことで大方の見解は一致している。すなわち、人類が全地球的に大きな影響を与える存在になっていることを地質学的にも示す言葉である。

現在、気候変動をはじめとする環境問題が深刻な危機的状況にある中で唱えられたのが人新世という言葉であるが、そうした危機感に対し、環境に大きなインパクトを与える都市や建築のあり方が、どれほどの問題を抱えているかということへの関心が薄いのではないかと危惧している。社会はそうした問題に対して、何らかの答えを用意し、実践することができているのか、極めて疑わしい状況である。

――解決の糸口探る有効なキーワード――

そして、地質学的な視点に加えて、不可欠なのが、精神的、内面的な視点からの問題提起、すなわち倫理的思考である。

それは、いわゆる「エシカルな社会」の確立でないかと考える。エシカル（ethical）とは、「倫理的な」や「道徳上の」を意味する言葉であるが、最近では、倫理的であることが地球環境の保全や社会貢献につながるという考えから使われることが多い。特にエシカル消費などのように、自然環境にできるだけ負荷をかけない姿勢を示すものである。

倫理的という観点から見れば、マックス・ウェーバーが『プロテスタンティズムの倫理と資本主義の精神』において、プロテスタンティズムという禁欲的な宗教観が資本主義の精神的バックボーンとなり、活発な経済活動を生み出したという逆説的な指摘にも同様の考え方を見ることができるのではないだろうか。ただし、そうした活発な経済活動は、やがて宗教のくびきを離れて独り歩きを始め、現在のような先鋭的な資本主義へと変質してしまった。

エシカルという言葉は、そうした経済分野だけでなく、人間の活動全体について、地球規模での環境問題、社会問題に対する、問題解決の糸口を探っていくための有効なキーワードの一つとして求められているのではないだろうか。

――世界が持ち始めた危機意識が一筋の光明をもたらす――

筆者はいま、「人新世」と「エシカルな社会」の両者が相まみえる世界の中で、われわれに問われている課題を深刻に考えている。資本主義の興隆により、人類がこれまでに地球環境にもたらした負の影響は、取り返しがつかない状況にある。そのこと自体は重苦しい事実だが、そうした状況に対し、世界が危機意識を持ち始めたということもまた事実であり、それが一筋の光明をもたらすようにも思う。

現在のコロナ禍による状況も、同じような経済活動の回復に焦点が当たっている。ただし、それが問題の本質に迫っているのか、政治の決断はその重要性を示していない。

物流と時間
——スエズ運河座礁事故から見えるもの

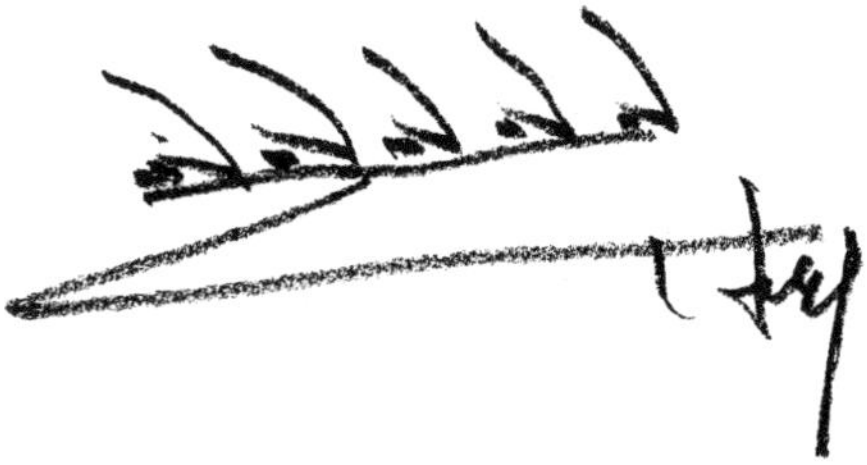

2021年4月21日

中国が打ち出してきた「一帯一路」構想が、今日ますます意味を持ち始めている。グローバル社会の覇権を握るための世界戦略として、重要度が非常に高くなっているということだ。それは、いわば国際的物流供給システム（グローバル・サプライチェーン）における覇権戦略ということである。

習近平主席が2013年に打ち出したこの構想は、いうなれば現代版のシルクロードであるが、いにしえのシルクロードとは異なり、中国とヨーロッパを結ぶ、選択性の高い物流ルートの創設である。現在、計画は着々と進められているというが、陸路におけるそれは超高速弾丸鉄道の敷設であり、海路においては超大型船の運航であり、それらを複合的に活用する、幅広い物流のグローバル戦略がその根本である。陸路は2日ほどで中国とヨーロッパを結ぶことが可能であるが、輸送量の多さでは大型船にかなわない。一方の海路は、大型船1隻で20万トン以上運べるという輸送力が何よりのメリットであるが、所要日数がかかることがデメリットだ。しかし、二つの経路があれば、トラブルなどリスクへの対応が容易になる。

そうした中、2021年3月23日に、中国の戦略の先見性を証明するようなトラブルがあった。海運の大動脈であるスエズ運河が、大型コンテナ船の座礁によって通行不能となったのである。懸命な復旧作業の末、6日後の29日には離礁に成功、4月3日になって、ようやく待機していた多くの船舶が運河を無事通過できたという。

この事件は、現代のグローバル社会における物流供給網の中で、スエズ運河の存在が極めて大きな意味を持っていることを浮き彫りにした。とりわけ、アジアとヨーロッパを結ぶ海上航路が、あまりにもスエズ運河に頼り過ぎていたという事実が露呈したのである。

――大量輸送力は海洋路開発の要――

アジアとヨーロッパを最短距離でつなぐスエズ運河は、年間2万隻近く、一日当たりでは50隻もの船舶が通過するという、世界貿易の大動脈である。北から南に向けた貨物の60％がアジア向けだといわれており、日本の物流もスエズ運河に大きく依存している。そして世界貿易の10％がスエズ運河を経由しているという。

このように、いま世界の海路に注目が集まっているが、海峡もまた海路においては大きな存在である。運河と同様に物流の要衝としての重要性を持つばかりでなく、領土問題と隣り合わせであることから、国際運航のトラブルを抱え込む恐れがある。それだけに、海峡問題は今後、重要な課題となることは間違いない。

いま注目されている海峡は、ボスポラス海峡、ホルムズ海峡、マラッカ海峡、そしてベーリング海峡である。これらは二つの公海、または排他的経済水域を結び、国際航行に使用される海峡である。すべての船舶と航空機の通過通行権は認められてはいるものの、いずれも領土問題などと合わせて、常に国際紛争に巻き込まれる可能性が大きい地域である。

中国のこれからのグローバル物流戦略を考えた海路への思いは極めて強い。その一つの表れが中国をはじめ、台湾やベトナム、フィリピンなどが領有を主張する南沙諸島への進出である。この諸島は、中国が海洋進出を狙う最大の出口ともいえる場所にある。２０１８年に完成した香港、マカオ、珠海を結ぶ世界最大の海上橋、港珠澳大橋の存在と相まって、中国の海洋進出の大きな目的と、未来のグローバル海洋路開発を進めるための布石であることはいうまでもない。

一方で、ロシアもスエズ運河の事故を一つのチャンスと見て、北回り海路の有効性をアピールし始めた。ベーリング海峡を利用したアジア向け海路である。日本にとっても、そうしたさまざまな海路の見通しをどのように持つのかは、これからのグローバル物流戦略を考える上では重要な戦略である。

また、物流には時間と輸送量の問題以外に、輸送コストを決定付ける通行料と燃料の問題がある。運河を通れば莫大な通行料が課せられることになる。その一方、最近では原油価格が暴落している。燃料が十分に安ければ、余計な時間と燃料を費やすことになっても、スエズ運河などの最短ルートを回避することで、通行料を節約する方が経済的な場合もあるだろう。そうなれば、極端なことをいえば、アフリカの喜望峰回りでもよいことになる。

――物流における「時間」と「量」の大小がモノの価値を決める――

ここまで物流の現在について述べてきたのは、モノの成立には、実に物流の問題が色濃く反映されているからである。グローバル資本主義経済においては、「価格」と「時間」がすべてのモノの価値を決めるからである。サプライチェーン・システムにより、良質で安価な生産が可能になる一方で、物流はそれらの移動にかかる「時間」という価値を決定付ける。そうした時間軸を持ったモノの価値で成り立っている市場経済は、植民地の安い労働力で産出した資源を、本国で高い付加価値のあるモノに加工し、利益を上げるという、かつての植民地時代のやり方と構造は大きく変わるものではないが、何よりも異なるのが、物流にかかる時間という要素である。それが物の価値を決めることになるのである。

カタログにある製品をただ選択すれば、そのまま出来上がるものではないことを理解する必要がある。いまやグローバル・サプライチェーン・システム抜きに成り立つ製品や材料の調達は不可能なのである。そして、それぞれの製品や材料がどの原産地で、どのような形で物流に乗るのかを知ることは、建築を生み出すわれわれにとっても不可欠になりつつある。

モノの集積によって成立する建築は、ある意味では、物流にかかる時間によって成り立っていることを、スエズ事故は示したのである。

24時間都市はいまどこに

2021年4月19日

１９７０年代から90年代にかけて、日本が国を挙げて成長神話に明け暮れていたころ、切れ目のないノマド型都市像がこれからの都市生活を表していた。夜も昼もなく、24時間活動する都市こそが新しい時代の到来を意味していた。ノマドとは、動き回るダイナミックな行動をもった都市像を意味し、空港は24時間稼働して世界の活動とつながり、それに合わせて鉄道などの公共交通機関も終日運行する。当時日本でも広まったコンビニエンスストアが、これまた24時間営業という便利さを武器に、24時間の都市生活を後押しし始めたのである。この時、まだコンピューター社会ではなかったが、グローバル社会の到来が見えていた。

２０２０年、新型コロナウイルス感染症が世界に蔓延、ロックダウンにより都市が閉鎖に至り、一気にヒトの行動も制限されるという事態になった。航空機の国際便の発着も制限され、ヒトの出入国は極端に抑制されることになった。公共交通機関も、鉄道の最終電車の時刻が繰り上げられるような事態にまで発展した。飲食店なども、24時間営業はおろか、通常の営業時間にも制限がかかるのが当たり前になってきた。

つまりコロナ禍により、都市活動が高度成長期に比べてシュリンクし始めたということだ。無論、これには働き手不足や低賃金に代表される労働環境の問題など、さまざまな要因があり、必ずしも新型コロナウイルス感染症だけに因るものではないが、新型コロナウイルス感染症がそうした状況を一気に後押ししたのもまた事実である。

しかしながら、現代の都市活動は、いまやグローバル社会に生かされている現実を知る必要があるのではないだろうか。政治・経済は無論のこと、文化・教育に至るまでグローバルな活動とは無縁ではいられない。金融の世界では、もはや自国だけでのディールでは成り立たないことは明らかである。

こうした現実を積極的に進めるのがデジタル社会である。そしてわれわれに突き付けられた責務は、このグローバル社会の可能性を一層進歩させることであろう。昨今のコロナ禍における現実は、新たなシステムの中で暮らすこととは別物である。DXの環境が進化すれば、むしろ人としての余暇が生まれ、豊かさを一層享受するチャンスが到来すると考えるべきなのであろう。

いまわれわれに与えられた課題は、グローバル社会の停滞と歪み、さらに各国が保護主義に向かっている現実に歯止めをかけ、協調に基づく豊かな環境づくりを確実化させることではないのか。

時間に縛られるのではなく、それぞれのリズムに合わせて、それぞれの環境に向き合うことができる社会を目指すべきなのではないか。

DXが開く未来の社会は、多様性をさらに豊かにしてくれる社会になると捉えたい。好きな時に、好きなように行動ができるような都市のあり方こそ、楽しくもあり、社会の豊かさを膨らませることになるのではないだろうか。24時間都市の再起動をいち早く期待したいと思うのは筆者だけなのだろうか。

グローバル社会の潮流の変化

2021年4月8日

デジタル社会の覇権争いが激化している。その基幹を支える半導体の生産能力が問われ出したということである。20世紀の文明を支えてきたのは石油だが、21世紀は半導体がその役目を果たしている。

半導体をめぐる各国の主導権争いが激化しているのは、それが現在の産業には欠かせない存在だからだ。とりわけ、半導体に依存するＩＴ産業は、いまや世界の主要産業ともいえるほどの影響力を持ち、それなくしては国家の針路も危うくなるからである。

ＩＴ産業の分野では依然、米国が飛びぬけて世界をリードしている。次いで中国や台湾などで、ＥＵや日本は後れをとっており、それらの国では焦りともいえる状況が露呈してきている。

例えば、ＥＵは現在、半導体生産における世界シェアの10％程度だが、これからの10年間で、少なくとも倍の20％にまで増産を目指すことを宣言した。IT産業で米国や中国などの後塵《こうじん》を拝しているという危機感から、その立て直しに本腰を入れて取り組みを始めたということだ。

一方の米国も、GAFAM（グーグル、アマゾン、フェイスブック、アップル、マイクロソフト）などのIT企業を擁するという面では優位だが、ハードウェアの生産ではアジア依存から脱却できていない。このような状況はEUでも同様である。したがって、EUの姿勢は、多くの国の連合体であることを活かして、領域内での半導体生産を早期に立て直し、米中への依存から抜け出したいという意思の表れであろう。

しかしながら、そうした自らの領域内で生産の増強を目指すという傾向が、世界各国で強まりつつあるという状況は、グローバル社会が目指してきた理念や価値に逆行することになるのではないかという懸念がある。

すなわち、グローバル社会の最も重要な理念は、世界が一つになって、それぞれの国が役割と可能性を共有することであるからである。そのために、世界中で生産体制の役割分担を図り、合理的なグローバル・サプライチェーン・システムを構築してきたのである。それがまさにグローバル社会の価値だったのである。そのことは、本稿でも何度も指摘し続けてきた。

しかしながら、そうした理念は、現実のナショナリズムの前では無力であることが露呈したのだろうか。「自国ファースト」が再び保護主義を呼び起こすことになるのか。改めてグローバル社会の現実的課題を突き付けられた気持ちである。どちらにも問題はあるのだろう。市場競争社会を放置すれば、そうなることは明らかである。しかしながら、ここにこそ協調の論理が必要であり、倫理観と節度が不可欠なのではないか。

新型コロナウイルス感染症のワクチンの問題も、同様な政治的自国優先の課題に直面しており、グローバルな解決には程遠い現実が露呈してきている。

このような保護主義に世界が引き戻されつつあるのは、新型コロナウイルス感染症がグローバル社会の理想と現実の間にある課題を露わにしたからなのか、あるいは各国の行き過ぎた格差によるものなのか。改めて、世界が協調して生きることの難しさを見ることになったと思う。

国家を超えるDX——企業がリードするグローバル社会

2021年3月17日

「Gゼロ」という言葉をご存知だろうか。Gとは「Group」のことで、G7やG20などのように、先進国や主要国の集まりのことを指すが、それが「ゼロ」であるとは、すなわち、世界にはリーダーとしての資格がある国は、もはや存在しないということである。米国の政治学者イアン・ブレマー氏は、世界の秩序を支配し、コントロールする強大な覇権国家や国家のグループは存在しなくなったと指摘している。そうした現実が、われわれの日常生活にも刻々と影響を与えるようになってきていることを認識しなければならない。

さて、20世紀の代表的企業といえば、どのような企業が思い浮かぶだろうか。石油の時代といわれていたように、オイルメジャーであるエクソンモービルや、あるいは自動車のゼネラル・モーターズなどであろうか。しかしながら、いまやそうした企業には往時の勢いはない。それらの企業に代わって台頭してきたのが米国のＧＡＦＡＭに代表されるＩＴ企業である。

そうした企業に対し、国家が規制の網をかけようとしている。２０２０年末から、米国当局がグーグルやフェイスブックなどの企業を反トラスト法（独禁法）に基づいて提訴している。最近では、グーグルが90％を占める米国内の検索シェアを守るために、アップルに働きかけて他社を締め出し、消費者の自由な選択を制限しているとして訴えられているが、そうした動きは、既に2年ほど前から始まっていた。いずれにしても、国が慌てて規制に動き出したことは周知のとおりである。

また、株価の比較で見ると、ＧＡＦＡＭの時価総額の合計が、東証一部上場企業の時価総額を上回ったという。わずか5社の株価が、２０００社以上が上場する市場全体の株価総額を超える事態が起きているのである。

そうした巨大企業は、もはや国家の存在意義を脅かし、国家の指導力が届かない存在になりつつあるということなのだろう。しかしながら、こうした巨大企業は、むしろ民間企業の自立とアイデアの価値そのものを体現しているのではないだろうか。

――独走抑制する国と逃げようとする企業――

中国においても同じような問題は指摘されている。国家的な目標として、製造強国の仲間入りなどを掲げている中国において、指導的なＩＴ企業の育成は、国家のグローバル戦略のかぎを握る最大の武器であり、そうした企業を統制することに意欲を示している。しかしながら、企業自体は国家の統制から逃れようとする。政府もそうした動きには神経をとがらせており、アリババ集団やテンセントなどのＩＴ大手をけん制するためにも独禁法の改正に着手したという。既にアリババの傘下にある金融会社アント・グループの上場が、直前になって当局の介入により延期されるなどしている。企業の独走を抑えるために国家が何をできるのか。行き過ぎた国家の行動が世界の耳目を集めるようになっている中での、中国の決断である。

しかしながら、本来、テクノロジーは国家における国力の一つの要素でしかない。果たして、テクノロジーに優位性を持つＩＴ企業が、政府から独立して、世界を支配することは可能なのだろうか。いま、独禁法を武器に企業の独走を抑えようとする国家と、そこから逃れようとする企業、両者のバランスが微妙な関係で動き始めている。うがった見方をすれば、独禁法とは、国家が自らの威信を失いつつあるがゆえの、国家の暴走ともいえるのではないだろうか。

国家の収入（利益）は税金である。そして国家は、税金を社会や国民のために使う。利益を得る仕組み自体は、民間企業でも同様である。民間企業は、さまざまな商品やサービスの対価として利益を得る。そして、余剰利益を社会に還元する。単に顧客が求める製品やサービスを提供し、顧客の利益に応えることだけでなく、環境への配慮や関係者の人権尊重、あるいは情報開示などの多様な取り組みが相まって、初めて企業が存続し得るのであり、それが企業の存在意義の本質であると考えることができる。そのような企業の取り組みをESG（環境・社会・企業統治）というのであるが、現在では、一企業といえども、社会に対して、全方向的に適切な行動をとらなくてはならない時代になってきている。

いまや国家の役割と企業の使命が入れ子状態になり始めている。そう考えれば、企業は単に利益追求のために存在するのではなく、むしろ、国民の利益を誘導するため、国家の一翼を担う形で、その役割を果たす使命があると解釈することもできるだろう。国家の概念をも変えることを視野に入れるべき時なのである。

――経済重視から一歩踏み出した〝資質〟が問われている――

とりわけ、新型コロナウイルス感染症の世界的流行以降、企業の役割とその姿勢が大きく変わり始めたことは論を俟たない。企業が単に株主のためだけに存在するのではないことも明確になったといえる。企業には、テクノロジーを軸に、環境や社会全体への関わりを自ら認識しながら、企業統治を進めることが求められているのである。そうでなければ、企業は生き残ることができない。国家が保護主義に走ったとしても、企業は広くグローバルに果たす社会的責務を負いながら、企業としての役割を実践することになる。

果たして、企業の未来を見据えた拡大を、独禁法という法の力を借りて抑え込むことが、国家にいま求められているのだろうか。企業が正しく存続するために、社会的評価を受けている現実を、むしろ後押しすべきなのではないのだろうか。

企業がいま、果敢に「都市づくり」に挑戦していることも見逃すことはできないだろう。国がスーパーシティー構想を喧伝《けんでん》している昨今である。デジタル社会に呼応した都市のあり方を実現するには、政府や自治体だけでなく、さまざまな企業の力も必要になることはいうまでもない。そこに、かつての経済だけを重視した発想から一歩踏み出した、今日的な企業の資質が問われているのである。ＤＸがそうしたトレンドを促進させることになるだろう。その結果、企業のＥＳＧそのものが改めて問われることになる。

ウォーカブル・コンパクト・シティー

2021年3月12日

最近、コンパクト・シティーに対する動きが停滞し始めている。もはや都市のコンパクト化が意味を失い始めていると評する風潮まであるようだ。筆者はこうした傾向に危機意識を感じている。

新型コロナウイルス感染症の世界的蔓延により、いままでの日常的生活と都市に対する社会的行動が大きく変わり始めている。デジタル社会への流れが加速している現実、すなわち、ＤＸなどの動きをいうのであるが、中でもテレワークは、日常的な働き方として定着しつつある。その成果も予想以上だとする調査結果も出ている。そうした流れに呼応する形で、内閣府が提唱する都市の「スーパーシティー構想」も後押しされる状況にある。デジタル環境が未知の世界を開こうとしていることへの期待は少なくない。

一方で、生身の人間のアクチュアルな行動が棚上げされた形で、われわれの日常の行動の意義が希薄になり始めていることを危惧している。ウィズコロナの時代においても、人間本来の行動、すなわち対面による活動がなくなることはないからである。

国際的な総合エンジニアリング・サービス企業として、建築設計から都市のあり方、インフラに至るまでをコンサルティングする「アラップ」（ARUP）という会社がロンドンにある。そのアラップが、パンデミック下にある主要都市の居住者に対する調査を行った結果と、それを受けた予測的な数値が示された。報告では「自宅から徒歩または自転車で15分圏内に学校や病院、公園やカフェなどの都市施設があると、より質の高い生活が享受できる」という調査結果が出たという。それは、既にコンパクト・シティー構想でいわれてきたウォーカブルな都市の姿ではなかろうか。

コンパクト・シティーの枠組みの基本は、ウォーカブル・シティー、いわば歩いて楽しい街である。われわれが行った調査・研究においても、歩行圏を半径400メートルほどとして、その輪郭内で、歩いて移動が可能な都市のあり方を提言したことがある。これはアラップの調査結果にも近く、方向性はほぼ同じである。

社会的活動は、いすに座り、パソコンの前で過ごすだけですべてのことが済むわけではない。目的に向かって移動して、対面して、表情を確認し、相互にそれぞれの思いや考えを伝え合い、握手などの身体的なコミュニケーションを通して喜怒哀楽を表現することが、人間としての「行動的営み」である。

今後、テレワークなどのような、オンラインによる働き方やコミュニケーションのあり方が進化していくとしても、人間同士が対面して意思を伝え合うことの意義が変わることはない。両者は、コミュニケーションの方法としての位相が異なるだけで、むしろ両者がともに機能することこそ、これからの都市の新たな可能性を開くことにつながっていくはずなのである。誤解を招く議論は止めてほしいと思う。

建築の発注者の課題（上）

2021年2月25日

建築の発注方式の多様化が進んでいる。多様化ゆえに問題も複雑化し、さまざまな混乱が起こってきているように思う。最近のいくつかの事例でも審査が中断するような事態も起こっている。とりわけ、いわゆるＤＢ（デザイン・ビルド＝設計施工一括）方式に関する問題は、設計者にとって悩ましい問題であるばかりか、発注者の利益を損なうことにもなりかねない問題でもあるからである。

公共工事については、利益相反を起こさない設計施工の分離が建前になっていた。ところが、民間等の工事発注にみられる設計施工一体型で進めることのメリットを受けて、公共発注者は、次第にＤＢという発注方式を多く採用するようになってきた。設計者と施工者を同時に決めて、両者の共有すべき課題を最大化させるというのが、その名目である。欧米で発案されたＤＢは日本に導入されて久しいが、欧米では設計者の独立性は極めて高く、ＤＢといえども、設計者と施工者の立場や役割はそれぞれに担保されている。

DBの日本での採用では、当然日本型があってしかるべきであろう。日本への導入は、これをメリットというべきなのか、工事の入札の不調回避（想定価格内に抑えること）と、工期厳守を確実にする方式として注目されたのがきっかけであり、これがいまの日本での主要な考え方である。

しかしながら、こうした発注者の考えは、工事をスムーズに進行させ、着地させるための外形的技術的手法に過ぎず、発注者が望む建築の内容や品質を問うものではない。ここに設計者のみならず、発注者の思いが反映しきれないという問題が発生していると考える。

発注者のDBに対する捉え方の迷いなのか、受諾者に期待する課題が見えないばかりか、審査体制の不備もあって、極めて多くの羅列的課題が散りばめられ、発注者の真意が見えず、受諾者は戸惑わざるを得ないという現実がある。

DBには基本設計を事前に設計者が行い、後に設計者と施工者が一体になって進める方式と、当初からすべての設計行為と施工が一体になって進める方式がある。そもそも日本での基本設計の定義や、客観的裏付けとなる根拠がないために、設計行為自体を分離（基本設計と実施設計を分離）することに曖昧さを残していることについても、さらなる議論があるところでもある（現在、国土交通省で検討が進んでいるＢＩＭのワークフローにおいて基本設計と実施設計のラップした考えがそうした矛盾を回避する試案が試みられている）。

設計に求める課題と施工（技術）の問題を同時並列に評価することの難しさが認識される中、プロポーザル（選定）の段階で、設計に求める課題や技術のレベルと、工事価格などを同列に評価する物差しを見出すことがいかに困難であるか。無論、審査側の難しさと同時に、応募者の側も困難を強いられる。設計者は建築の内容と品質について最大の回答を心掛けているからである。それは公共建築に求められる最も重視される課題でもある。ゆえに、それぞれには高い専門性の見識をもった審査体制が不可欠となるのは当然である。

建築の発注者の課題（下）

2021年2月26日

ＤＢ方式で受諾者を選定する場合は、少なくとも設計者へ向けた課題と、施工者に向けた課題、それぞれ答えを求めると同時に、両者が共同して成し得る領域に関する課題などにも回答を求めることになる。それらをどのように見極め、判断するのか、審査側の評価も容易ではないが、それを同じ指標で評価するという、ＤＢの本質的矛盾を指摘したいと思う。

前回示した発注者のＤＢへの期待、すなわち、「入札不調回避」と「工期厳守」を仮に満たしていても、建築の内容と品質の確保はすべての前提であり、軽視されるようなことはあってはならない。しかしながら、これを根底から揺るがしかねない要素が価格である。

価格には、時の情勢、企業の思惑など、さまざまな要因が関係するが、なにより重要なのは、価格と技術の関係、すなわち、価格は工事の質に極めて強く影響するということである。無論、価格は受諾者の利益（儲け）に大きく影響する。建築の内容・品質をも歪めることにもなりかねないからである。

公共事業の最大の課題は、いま、そしてこれからの地域社会に求められるテーマと、その解決方法を建築デザインとしてどこまで成し得ているか、そしてそれらが公共性にふさわしいものであるのかを、客観的に評価することである。そのアイデアを工事にどのように反映させるのかを示すことである。

評価のプライオリティーは審査側の姿勢に大きく関わっているが、施工者による工事価格が先行して、多くの要素を支配するようなことになってはいけないのである。何よりも、社会の未来に託する建築のあり様を評価することが優先されなければ意味を持たない。ここにも設計が自律する意味があり、発注者は、設計者に求める課題を最大化すべきである。

現代社会はいうまでもなく、多様性を受け入れ、さまざまな領域がその境界を曖昧にし、相互に貫入し、新たな世界を創出し、いままでにない価値を見いだそうとしている。しかしながら、設計者と施工者の一体化は、海外での事例を参考にしたとはいえ、日本では発注者の立場に立った運用の合理化を図ることに力点が置かれている。設計と工事が、明らかに異なる目的と役割の上に成り立っているという事実には十分に踏み込むことなく、今日に至っているのである。発注者はこの点に格段の配慮をする必要があると思われる。

また、今日の公共事業の発注者は、外部のコンサルタントに依存し過ぎているきらいがある。本来、政策や求めたい方針を、主体性を持って、自らの意思として表明することは避けて通れない。何を何のためにつくるのかを示すことは、自治行政の施策の根幹であり、極めて重要な行政機能だからである。資料の収集や根拠づくり、体系的整理はコンサルに委託することは当然でも、その逆があってはならない。

ＢＩＭ（ビルディング・インフォメーション・モデリング）が健全に稼働すれば、ＤＢの評価に関する問題が進展する可能性も大いにあるように思う。しかしながら、工事価格が多くの課題に先行する形となり、建築設計のあり様にも影響を及ぼすことだけは避けねばならない。ＤＢのあり方を巡って議論を深め、何よりも発注者の利益・期待に応えるような、健全な建築の発注の与条件・評価のあり様に注目していきたい。

航空産業の衰退と都市のイメージ

2021年1月6日

世界に蔓延した新型コロナウイルス感染症は、人類の社会活動を大きく変えた。最大の変化は人の移動の制限であろう。文明の進歩は、移動と交流、結合によってなされてきたわけだが、現代のグローバル社会において、移動の頂点にあるのが航空機であった。世界各地を短時間で結ぶための競争が、一層グローバル社会の活動を促進させてきた。

その航空産業のコロナ禍によるダメージは、深刻の度を増すばかりである。いわゆるフラッグキャリアの倒産は、社会への影響ばかりでなく、国や都市のイメージを破壊する危険性をはらんでいる。タイの「タイ国際航空」、コロンビアの「アビアンカ航空」などの経営破綻は、それほどのインパクトを持つものだ。

もちろん、それ以前にも航空会社の経営破綻はあったが、代表的なのが

1991年のパンアメリカン航空（パンナム）の倒産であろう。ジャンボ・ジェット「ボーイング747」を運航し、米国のフラッグキャリアとしてだけでなく、世界の航空会社の代表的な存在であった。そんなパンナムがあっさり倒れたことの衝撃は、いまでも記憶に残っている。

何よりも、その社屋、パンナムビルが象徴的だった。ニューヨーク・パークアベニューの突き当たり、グランド・セントラル駅舎に隣接し、米国最大の超高層ビルとして君臨していた。竣工は1963年、ビルの頂部、南北面には「PANAM」というロゴ、東西面には地球儀が輝くビルである。しかしながら、1970年代後半からの経営悪化のあおりを受け、1981年にはメトロポリタン・ライフ生命保険会社にビルを売却、現在ではメットライフビルと呼ばれている。

このビルにこだわる理由は設計者にある。エミリー・ロス&サンズに加え、バウハウスの校長でもあったヴァルター・グロピウス（1883―1969年）、ピエトロ・ベルスキー（1899―1994年）による共同設計であることも忘れることはできないからである。

近代建築とデザイン教育の先駆けとなったバウハウスが、１９３３年にナチスによって閉鎖されたことにより、多くの建築家やデザイナーたちが米国に亡命した。その結果、バウハウスによる近代建築の実践が、シカゴやニューヨークなどの米国の都市に開花したのである。その一つがまさにパンナムビルなのである。建設当時は、その閉鎖的な造形が非難の的になっていたが、パークアベニューの真ん中にそそり立つ姿が、やがてマンハッタンのシンボルとして認められ、現在ではニューヨークを代表する建築の一つとなっている。そうした象徴的な意味でも、現在の「ＭｅｔＬｉｆｅ」ではなく、あの「ＰＡＮＡＭ」というロゴが重要だったのではないかと思っている。

少々話が飛躍してしまった感もあるが、ここで考えたいのは、都市を代表するビルの存在と、一つの産業の代表的存在との関係である。そこにはビルに備わっているロゴすらも関係してくる。

いまやコロナ禍による社会の停滞は、単に一つの産業や一企業の問題にとどまらず、都市の、社会の象徴を失う意味すらあるということである。

あとがき

時の経つ早さに、思考の切り替えが追い付かない状況が続いている。

本書は、建設通信新聞に２０２１年１月から23年11月にかけて掲載された「建設論評」や特別寄稿の原稿を再編集したものである。内容は、いま起こっている社会の変化や状況に私たち、とりわけ建築界に携わる者にとって、ともに考えなければならない課題に対する、私からの問いかけ、呼びかけのようなものだ。

現実社会はもはや私の思考能力を遥かに超えるスピードで変化を繰り返し、予測もままならない。それでも建築家や都市計画家は、変化に対して立ち向かい、社会について真摯に思考しなければならない宿命を負っている。

しかしながら、その社会がいま、どこに向かおうとしているのかが極めて分かりにくくなりつつある。国際情勢の変化や市場経済の赴くままに漂流しているようでもある。なかんずく、それらは日本の問題であるように思える。そうした思いを表しているのが、本書のタイトル「いま社会は建築に何を期待しているのか」である。言い換えれば「建築は社会にどのように応えようとしているのか」ということである。つまり、社会の意思が見えない現実に対しての筆者の思いでもある。誰もが求める幸せなる人生に対し、建築や都市だけが応えられるわけではないことは分かっている。それでも、建築や都市空間に何ができるのかを考えなくてはならないのだが、それらは常に社会の変化とともに揺れ動いているだけに、展望を見通すことは難しい。

そうした見えない展望の中で、手探りで建築家としての責務の一端を果たす意味で書き続けてきたのが本書に収録されたさまざまな文章である。

読者の皆さんには〝いま〟という感覚が、問題を理解し、体感しやすいと思われるので、文章は〝いま〟という時点から遡る形、すなわち新しいものから配列するという構成でまとめることとした（一部の例外を除く）。

このような形での書籍の出版は、すでに10冊になろうとしている。最初の著作からお読みいただいている読者をはじめ、稚拙な論考にお付き合いいただいた方には感謝するばかりである。改めて、日刊建設通信新聞社の歴代の編集者には特段の謝意を述べたい。また、佐藤総合計画の社員の皆さんにはことあるごとに相談などでお手を煩わせたことには感謝しかない。改めて御礼申し上げたい。

―祖師谷の自宅にて―

写真：西村 康

著者紹介

細田　雅春
（ほそだ・まさはる）

建築家、株式会社佐藤総合計画代表取締役会長
1941年東京生まれ
日本大学理工学部建築学科卒業後、佐藤武夫設計事務所（現：佐藤総合計画）入社
長く佐藤のパートナーとして活動。1970年〜71年にかけてイタリア在住。1998年同社代表取締役副社長、2009年同社長、2023年同会長に就任。公益社団法人日本建築家協会会員。元一般社団法人日本建築学会副会長。日本建築学会賞（作品部門）やBCS賞の審査委員などを歴任。

代表作品
秋川キララホール（1989年、BCS賞）
東京ビッグサイト（1995年、BCS賞特別賞）
広州国際会議展覧中心（2002年、詹天佑土木工程大奨ほか）
神奈川県立近代美術館 葉山（2003年、公共建築賞優秀賞）
オーテピア（2017年、BCS賞）
ミライon（2019年、BCS賞）など

著書
『建築へ』（INAX出版、1995年）
『文脈を探る　どこへ行く現代建築』（日刊建設通信新聞社、2008年）
『棘のない薔薇』（日刊建設通信新聞社、2017年）
『社会はなぜ「現代建築」を受け入れるのか』（日刊建設通信新聞社、2021年）など

いま社会《しゃかい》は建築《けんちく》に何《なに》を期待《きたい》しているのか

2024年1月22日　第1刷発行

著　者　　細田 雅春

発行者　　和田 恵

発行所　　株式会社日刊建設通信新聞社

〒101-0054
東京都千代田区神田錦町3-13-7
電話 03-3259-8719
FAX 03-3233-1968
https://www.kensetsunews.com/

ブックデザイン　門田 耕侍

印刷・製本　株式会社シナノパブリッシングプレス

ISBN978-4-902611-96-0

How does architecture impact society today?